ÉDITORIAL

AVRIL 2024

prêtre assomptionniste

Où donc est Dieu ?

Au matin de Pâques, un cri jaillit : « Ils ont enlevé le Seigneur du tombeau ! » Où donc est Dieu, s'il n'a même pas laissé la trace de son corps ? Mort de Dieu, disparition du Christ, absence des signes évidents de la réalité d'en haut… Nous n'en finissons pas de traquer le moindre indice du divin, d'habiller de ciel nos besoins d'explication, de consolation, de sécurité. L'incognito de Dieu dans notre monde est insupportable. Où donc est-il ? Quels rendez-vous nous fixe-t-il, lui qui nous a faits tellement désirants de sa présence et de son salut ? Une seule attitude : nous mettre à l'écoute de Jésus. Au-delà du tombeau, lui, l'Envoyé du Père, nous désigne d'abord une communauté avec la diversité de ses visages et son sommet eucharistique, mais aussi la nuée des témoins de l'homme et des chercheurs de l'Absolu. Un livre ensuite : le corps du Christ a fait place au corps des Écritures. Méditons-les ! Un mouvement surtout, qui fait passer de la mort à la vie, de la religion à la foi, de la détresse à l'espérance. Quand la parole met un peuple en mouvement de libération, de conversion et de résurrection, nul doute, Dieu est là. ■

Une seule attitude : être à l'écoute de Jésus.

UNION DES ASSOCIATIONS DIOCÉSAINES DE FRANCE (UADF)

Fidèle à l'Église par la transmission

Parce que nous espérons, nous voulons transmettre. Parce que nous avons beaucoup reçu nous sommes heureux de donner. La transmission témoigne de la vivacité de notre foi dans la vie éternelle.

Le trésor de la foi chrétienne est notre espérance. Une espérance en Dieu, pour le monde, pour l'Église. Une espérance au-delà de la mort. Penser à notre testament peut aussi être vécu comme une ouverture à la vie au-delà de notre propre vie. Que laissons-nous ? que léguons-nous ? que transmettons-nous ? Un legs à l'Église catholique, c'est le témoignage éloquent d'une espérance de la foi, d'une volonté de soutenir la mission de l'Église. Ce geste atteste d'une fidélité à Dieu par-delà la vie terrestre.

Léguer à l'Église, c'est d'abord un acte de simple gratitude. « De l'Église, j'ai tant reçu. C'est une grande joie de lui donner », comme l'expression d'un remerciement, dans une relation vivante avec la communauté. C'est aussi un partage avec ceux avec qui nous célébrons la parole de Dieu et les sacrements.

et prolonger mon humble action. » Le fruit d'une vie devient alors semence pour l'avenir.

« L'Église est pour moi une famille. Elle m'a donné amour et vie. Elle m'a nourrie, enseignée. Elle m'a donné des frères et des sœurs et éduquée au vivre ensemble. Jusqu'au bout, elle me soignera, m'entourera, m'apaisera... Je donne pour qu'elle se donne les moyens de rester fidèle à ce qu'elle est : une Mère. »

Enfin, léguer, c'est agir pour prolonger son témoignage. « Au cours de ma vie, j'ai été cahin-caha et à ma manière disciple et missionnaire. Je souhaite passer le relais et donner à d'autres des moyens pour agir

Annonce

Pour vous procurer la brochure éditée par l'Église catholique « Transmettre, léguer : un parcours spirituel », vous pouvez écrire à : legs@catholique.fr ou consulter jecroisjelegue.catholique.fr

Prier avec le Saint-Père

Intention universelle du mois d'avril 2024

Prions pour que la dignité
et la richesse des femmes soient reconnues
dans toutes les cultures et que cessent
les discriminations dont elles sont victimes
dans différentes parties du monde.

Pour vous aider à prier :
www.prieraucoeurdumonde.net

SAINTS ET SAINTES DU MOIS D'AVRIL 2024

Xavier Lecœur, journaliste et historien

Chaque jour, l'Église fête plusieurs saints et bienheureux : ceux du calendrier romain, ceux des calendriers diocésains et ceux du calendrier des Églises orientales.
Tous les mois, Prions en Église *vous propose d'en découvrir quelques-uns.*

1er avril
St Hugues
(1053-1132)
Évêque de Grenoble pendant un demi-siècle, il conduisit saint Bruno et ses six compagnons jusqu'au désert de Chartreuse (Isère). Canonisé dès 1134.

2 avril
St François Coll
(1812-1875)
« Pour enseigner l'humilité aux autres, il faut être soi-même humble », rappelait ce frère prêcheur catalan, grand évangélisateur et fondateur de la congrégation enseignante des Dominicaines de l'Annonciation.

3 avril
Bse Marie-Thérèse Casini
(1864-1937)
Née près de Rome, elle fonda la congrégation hospitalière des Oblates du Sacré Cœur de Jésus, ainsi qu'une association pour soutenir les vocations sacerdotales. Béatifiée en 2015.

4 avril
St Isidore de Séville
(vers 560-636)
« La pénitence obtient miséricorde et lave les péchés », soulignait ce grand érudit, évêque de Séville pendant quarante ans. Docteur de l'Église.

5 avril
Ste Julienne de Cornillon
(1192-1258)
Cette religieuse augustine, prieure du monastère du Mont-Cornillon près de Liège, joua un rôle capital dans l'institution d'une fête nouvelle dédiée au Saint-Sacrement, la Fête-Dieu.

6 avril
St Prudence
(IXe siècle)
Évêque de Troyes et grande figure de l'Église de son temps, il fut aussi un auteur fécond, composant notamment un abrégé du Psautier

et un recueil de citations de l'Écriture sainte.

7 avril
Bse Marie-Assunta Pallotta
(1878-1905)
Entrée à 20 ans chez les Franciscaines missionnaires de Marie, cette Italienne fut envoyée en Chine. Elle y succomba du typhus, en soignant des malades.

8 avril
Bx Auguste Czartoryski
(1858-1893)
Il y a vingt ans, en 2004, saint Jean-Paul II béatifiait ce jeune prince polonais très pieux qui entra chez les Salésiens de Don Bosco, contre l'avis de son père.

9 avril
Bse Marguerite Rutan
(1736-1794)
Cette Fille de la Charité fut guillotinée sous la Terreur, par haine de la foi. Béatifiée à Dax, en 2011.

10 avril
Ste Madeleine de Canossa
(1774-1835)
Elle fonda, en 1808, à Vérone, la congrégation des Filles de la Charité canossiennes que rejoignit, à la fin du XIXe siècle, la future sainte Joséphine Bakhita. Canonisée en 1988.

11 avril
Ste Gemma Galgani
(1878-1903)
« La communion est une félicité qui [...] ne peut se comparer qu'à la béatitude des saints et des anges », affirmait cette laïque et mystique italienne. Canonisée en 1940.

12 avril
St Erkembode
(VIIIe siècle)
Abbé de l'abbaye Saint-Bertin (Pas-de-Calais), il devint évêque de Thérouanne et parcourut inlassablement son vaste diocèse. Son tombeau se trouve dans la cathédrale de Saint-Omer.

13 avril
Bse Ida de Boulogne
(1040-1113)
Mère de Godefroy de Bouillon et de Beaudouin Ier de Jérusalem, elle utilisa sa fortune pour aider les pauvres et fonder plusieurs abbayes.

14 avril
St Lambert de Lyon
(VIIe siècle)
Cet ancien

courtisan se fit moine à l'abbaye de Fontenelle (Seine-Maritime) sous la direction de saint Wandrille. Il lui succéda comme abbé, avant d'être élu évêque de Lyon.

15 avril
St Paterne
(Ve siècle)
Évêque de Vannes. Honoré comme l'un des sept saints fondateurs de la Bretagne.

16 avril
St Druon
(XIIe siècle)
Ce berger effectua le pèlerinage de Rome à neuf reprises ! Il mourut, en ermite, à Sebourg (Nord).

17 avril
St Robert de Turlande
(1001-1067)
En 1043, il fonda en Auvergne un petit ermitage, appelé Casa Dei, qui fut à l'origine de l'abbaye bénédictine de La Chaise-Dieu (Haute-Loire).

18 avril
Bse Marie de l'Incarnation
(1566-1618)
Barbe Acarie favorisa l'introduction en France du Carmel réformé par sainte Thérèse d'Avila. Devenue veuve, cette grande mystique se fit elle-même carmélite.

19 avril
St Timon
(Ier siècle)
L'un des sept premiers diacres choisis par les Apôtres (Ac 6, 5).

20 avril
St Marcellin d'Embrun
(lire page 106)

21 avril
St Anselme
(vers 1033-1109)
« Dieu est l'être par excellence, l'être au-dessus duquel la pensée ne peut rien concevoir », affirmait ce grand théologien qui fut abbé de Notre-Dame du Bec (Eure), puis archevêque de Cantorbéry. Docteur de l'Église.

22 avril
St Léonide
(IIIe siècle)
Philosophe chrétien. Son fils aîné, Origène, allait devenir l'un des plus éminents Pères de l'Église. Léonide fut décapité à Alexandrie, sa ville natale, sous Septime Sévère.

23 avril
St Georges
(IVe siècle)
Soldat chrétien originaire de Cappadoce, il aurait été martyrisé à Lydda (aujourd'hui Lod, en Israël). Saint patron de l'Angleterre et de la Géorgie, des chevaliers et des scouts.

24 avril
St Benoît Menni
(1841-1914)
Il y a vingt-cinq ans, en 1999, le pape saint Jean-Paul II canonisait ce prêtre et religieux milanais qui fonda la congrégation des Sœurs hospitalières du Sacré-Cœur de Jésus, au service des malades mentaux.

25 avril
St Marc
(Ier siècle)
Après avoir mis sa maison à la disposition des premiers chrétiens, il accompagna saint Paul, puis saint Pierre, dans leurs voyages missionnaires. Auteur du deuxième évangile.

26 avril
St Raphaël Arnáiz Barón
(1911-1938)
« On va à Dieu par bien des chemins et de bien des manières », rappelait ce jeune Espagnol qui arrêta ses études pour devenir oblat dans un monastère trappiste. Canonisé en 2009.

27 avril
Bx Nicolas Roland
(1642-1678)
Il y a trente ans, en 1994, était béatifié ce prêtre ardent, qui fut le fondateur de la congrégation enseignante des Sœurs du Saint-Enfant-Jésus de Reims et le directeur spirituel de saint Jean-Baptiste de La Salle.

28 avril
Ste Jeanne Beretta Molla
(1922-1962)
Médecin et mère de famille italienne qui fit l'offrande héroïque de sa propre vie afin de sauver l'enfant qu'elle portait. Canonisée il y a vingt ans, en 2004.

29 avril
Ste Catherine de Sienne
(1347-1380)
Tertiaire dominicaine, elle fut à la fois une grande mystique et une femme engagée dans les affaires de son temps. Docteur de l'Église et copatronne de l'Europe.

30 avril
Ste Marie de l'Incarnation Guyart
(1599-1672)
« Il faut servir Dieu où il nous appelle », affirmait cette Tourangelle qui, à 40 ans, partit implanter la congrégation des Ursulines à Québec. Canonisée il y a dix ans, en 2014.

Prions avec les textes de la messe

DU 1ER AU 30 AVRIL 2024

Partagez vos intentions de prière

....

....

....

....

....

....

....

....

....

Envoyez vos intentions de prière à :
Prions en Église, Intentions de prière, 18 rue Barbès, 92128 Montrouge Cedex.
Elles seront portées par les pèlerins qui effectueront le Tro Breiz, de Vannes à Quimper, du 22 au 29 mai 2024.

LUNDI 1ER AVRIL 2024

COULEUR LITURGIQUE : BLANC

Octave de Pâques

Antienne d'ouverture

Puisque le Seigneur t'a fait entrer
dans un pays ruisselant de lait et de miel,
que la loi du Seigneur soit toujours
dans ta bouche, alléluia. (cf. Ex 13, 5.9)

OU

Le Seigneur est ressuscité d'entre les morts,
comme il l'avait dit : exultons, soyons dans la joie,
car il règne pour l'éternité, alléluia.

Gloire à Dieu *(p. 211)*

Prière

Seigneur Dieu, tu fais grandir sans cesse ton Église en lui donnant de nouveaux enfants ; accorde-leur de te servir et d'être fidèles par toute leur vie au sacrement qu'ils ont reçu dans la foi. Par Jésus… — ***Amen.***

Lecture

du livre des Actes des Apôtres (2, 14.22b-33)

« Ce Jésus, Dieu l'a ressuscité ; nous tous, nous en sommes témoins »

Le jour de la Pentecôte, Pierre, debout avec les onze autres Apôtres, éleva la voix et leur fit cette déclaration : « Vous, Juifs, et vous tous qui résidez à Jérusalem, sachez bien ceci, prêtez l'oreille à mes paroles. Il s'agit de Jésus le Nazaréen, homme que Dieu a accrédité auprès de vous en accomplissant par lui des miracles, des prodiges et des signes au milieu de vous, comme vous le savez vous-mêmes. Cet homme, livré selon le dessein bien arrêté et la prescience de Dieu, vous l'avez supprimé en le clouant sur le bois par la main des impies. Mais Dieu l'a ressuscité en le délivrant des douleurs de la mort, car il n'était pas possible qu'elle le retienne en son pouvoir. En effet, c'est de lui que parle David dans le psaume : *Je voyais le Seigneur devant moi sans relâche : il est à ma droite, je suis inébranlable. C'est pourquoi mon cœur est en fête, et ma langue exulte de joie ; ma chair elle-même reposera dans l'espérance : tu ne peux m'abandonner au séjour des morts ni laisser ton fidèle voir la corruption. Tu m'as appris des chemins de vie, tu me rempliras d'allégresse par ta présence.* Frères, il est permis de vous dire avec assurance, au sujet du patriarche David, qu'il est mort, qu'il a été enseveli, et que son tombeau est encore aujourd'hui chez nous. Comme il était prophète, il savait que Dieu lui avait juré de faire asseoir sur son trône un homme issu de lui. Il a vu d'avance la résurrection du Christ, dont il a parlé ainsi : *Il n'a pas été abandonné à la mort, et*

sa chair n'a pas vu la corruption. Ce Jésus, Dieu l'a ressuscité ; nous tous, nous en sommes témoins. Élevé par la droite de Dieu, il a reçu du Père l'Esprit Saint qui était promis, et il l'a répandu sur nous, ainsi que vous le voyez et l'entendez. »
– Parole du Seigneur.

Psaume 15 (16)

℟ ***Garde-moi, mon Dieu : j'ai fait de toi mon refuge.***

OU

Alléluia !

Garde-moi, mon Dieu :
j'ai fait de toi mon refuge.
J'ai dit au Seigneur : « Tu es mon Dieu !
Seigneur, mon partage et ma coupe :
de toi dépend mon sort. » ℟

Je bénis le Seigneur qui me conseille :
même la nuit mon cœur m'avertit.
Je garde le Seigneur devant moi sans relâche ;
il est à ma droite : je suis inébranlable. ℟

Mon cœur exulte, mon âme est en fête,
ma chair elle-même repose en confiance :
tu ne peux m'abandonner à la mort
ni laisser ton ami voir la corruption. ℟

Tu m'apprends le chemin de la vie :
devant ta face, débordement de joie !
À ta droite, éternité de délices ! ℟

Acclamation de l'Évangile

Alléluia. Alléluia. Voici le jour que fit le Seigneur, qu'il soit pour nous jour de fête et de joie ! ***Alléluia.***

Évangile de Jésus Christ

selon saint Matthieu (28, 8-15)

« Allez annoncer à mes frères qu'ils doivent se rendre en Galilée : c'est là qu'ils me verront »

En ce temps-là, quand les femmes eurent entendu les paroles de l'ange, vite, elles quittèrent le tombeau, remplies à la fois de crainte et d'une grande joie, et elles coururent porter la nouvelle à ses disciples. Et voici que Jésus vint à leur rencontre et leur dit : « Je vous salue. » Elles s'approchèrent, lui saisirent les pieds et se prosternèrent devant lui. Alors Jésus leur dit : « Soyez sans crainte, allez annoncer à mes frères qu'ils doivent se rendre en Galilée : c'est là qu'ils me verront. » Tandis qu'elles étaient en chemin, quelques-uns des gardes allèrent en ville annoncer aux grands prêtres tout ce qui s'était passé. Ceux-ci, après s'être réunis avec les anciens et avoir tenu conseil, donnèrent aux soldats une forte somme en disant : « Voici ce que vous direz : "Ses disciples sont venus voler le corps, la nuit pendant que nous dormions." Et si tout cela vient aux oreilles du gouverneur, nous lui expliquerons la chose, et nous vous éviterons tout ennui. » Les soldats prirent l'argent et suivirent les instructions. Et cette explication s'est propagée chez les Juifs jusqu'à aujourd'hui.

Prière sur les offrandes

Accueille avec bonté, nous t'en prions, Seigneur, les présents de ton peuple ; il a été renouvelé en confessant ton nom et en recevant le baptême : accorde-lui de parvenir au bonheur sans fin. Par le Christ, notre Seigneur. — ***Amen.***

1re préface de Pâques, p. 215.

Antienne de la communion
Ressuscité d'entre les morts,
le Christ ne meurt plus ;
sur lui, la mort n'a plus de pouvoir,
alléluia. (Rm 6, 9)

Prière après la communion
Que la grâce du mystère pascal, Seigneur, nous t'en prions, surabonde en nos cœurs ; puisque tu nous as mis sur le chemin du salut éternel, rends-nous dignes de tes bienfaits. Par le Christ, notre Seigneur. **— *Amen.***

INVITATION

Je m'associe à l'intention du pape, qui nous invite ce mois-ci à diriger particulièrement notre prière vers la reconnaissance de la dignité et de la richesse des femmes.

COMMENTAIRE

Messagères d'espérance

Matthieu 28, 8-15

Des femmes « remplies de crainte et d'une grande joie », car conscientes d'avoir été visitées par Dieu, rencontrent le Ressuscité qui fait d'elles les messagères de la Bonne Nouvelle. Dans un monde où dominent les informations propres à susciter la morosité ou pire encore, sachons nous aussi être porteurs de l'espérance qu'ouvre la Résurrection. Disons ce qu'elle change dans nos vies, ce qu'elle nous laisse entrevoir du potentiel de bonté qui habite nos semblables. ■

***Emmanuelle Billoteau**, ermite*

MARDI 2 AVRIL 2024

TEMPS PASCAL COULEUR LITURGIQUE : BLANC

Octave de Pâques

Antienne d'ouverture

L'eau de la sagesse les a désaltérés ;
en eux la sagesse s'affermira et ne fléchira pas,
elle les exaltera pour toujours, alléluia.
(cf. Si 15, 3-4)

Gloire à Dieu *(p. 211)*

Prière

Seigneur Dieu, tu nous guéris par les célébrations pascales ; poursuis toujours l'œuvre de ta grâce : que ton peuple trouve une liberté parfaite et parvienne à la joie du ciel dont il exulte déjà sur la terre. Par Jésus… ***— Amen.***

Lecture

du livre des Actes des Apôtres (2, 36-41)

« Convertissez-vous, et que chacun de vous soit baptisé au nom de Jésus Christ »

Le jour de la Pentecôte, Pierre disait à la foule : « Que toute la maison d'Israël le sache donc avec certitude : Dieu l'a fait Seigneur et Christ*, ce Jésus que vous aviez crucifié. » Les auditeurs furent touchés au cœur ; ils dirent à Pierre et aux autres Apôtres : « Frères, que devons-nous faire ? »

Pierre leur répondit : « Convertissez-vous, et que chacun de vous soit baptisé au nom de Jésus Christ pour le pardon de ses péchés ; vous recevrez alors le don du Saint-Esprit. Car la promesse est pour vous, pour vos enfants et pour tous ceux qui sont loin, aussi nombreux que le Seigneur notre Dieu les appellera. » Par bien d'autres paroles encore, Pierre les adjurait et les exhortait en disant : « Détournez-vous de cette génération tortueuse, et vous serez sauvés. » Alors, ceux qui avaient accueilli la parole de Pierre furent baptisés. Ce jour-là, environ trois mille personnes se joignirent à eux.
– Parole du Seigneur.

Psaume 32 (33)

℟ ***Toute la terre, Seigneur, est remplie de ton amour.***
OU
Alléluia !

Oui, elle est droite, la par<u>o</u>le du Seigneur ;
il est fidèle en to<u>u</u>t ce qu'il fait.
Il aime le bon dr<u>o</u>it et la justice ;
la terre est rempl<u>i</u>e de son amour. ℟

Dieu veille sur ce<u>u</u>x qui le craignent,
qui mettent leur esp<u>o</u>ir en son amour,
pour les délivr<u>e</u>r de la mort,
les garder en vie aux jo<u>u</u>rs de famine. ℟

Nous attendons notre v<u>i</u>e du Seigneur :
il est pour nous un appu<u>i</u>, un bouclier.
Que ton amour, Seigne<u>u</u>r, soit sur nous
comme notre esp<u>o</u>ir est en toi ! ℟

Acclamation de l'Évangile

Alléluia. Alléluia. Voici le jour que fit le Seigneur, qu'il soit pour nous jour de fête et de joie ! ***Alléluia.***

Évangile de Jésus Christ

selon saint Jean (20, 11-18)

« "J'ai vu le Seigneur !", et elle raconta ce qu'il lui avait dit »

En ce temps-là, Marie Madeleine se tenait près du tombeau, au-dehors, tout en pleurs. Et en pleurant, elle se pencha vers le tombeau. Elle aperçoit deux anges vêtus de blanc, assis l'un à la tête et l'autre aux pieds, à l'endroit où avait reposé le corps de Jésus. Ils lui demandent : « Femme, pourquoi pleures-tu ? » Elle leur répond : « On a enlevé mon Seigneur, et je ne sais pas où on l'a déposé. » Ayant dit cela, elle se retourna ; elle aperçoit Jésus qui se tenait là, mais elle ne savait pas que c'était Jésus. Jésus lui dit : « Femme, pourquoi pleures-tu ? Qui cherches-tu ? » Le prenant pour le jardinier, elle lui répond : « Si c'est toi qui l'as emporté, dis-moi où tu l'as déposé, et moi, j'irai le prendre. » Jésus lui dit alors : « Marie ! » S'étant retournée, elle lui dit en hébreu : « Rabbouni ! », c'est-à-dire : Maître. Jésus reprend : « Ne me retiens pas, car je ne suis pas encore monté vers le Père. Va trouver mes frères pour leur dire que je monte vers mon Père et votre Père, vers mon Dieu et votre Dieu. » Marie Madeleine s'en va donc annoncer aux disciples : « J'ai vu le Seigneur ! », et elle raconta ce qu'il lui avait dit.

Prière sur les offrandes

Reçois avec bonté les offrandes de ta famille, nous t'en prions, Seigneur, garde-la sous ta protection : qu'elle ne perde aucun des bienfaits déjà reçus, et parvienne aux dons éternels. Par le Christ, notre Seigneur. **— *Amen.***

1re préface de Pâques, p. 215.

Antienne de la communion

Ressuscités avec le Christ,
recherchez les réalités d'en haut :
c'est là qu'est le Christ,
assis à la droite de Dieu ;
pensez aux réalités d'en haut, alléluia.
(Col 3, 1-2)

Prière après la communion

Écoute notre prière, Dieu tout-puissant : tu as donné à ta famille la grâce incomparable du baptême ; dispose nos cœurs à recevoir le bonheur éternel. Par le Christ, notre Seigneur.
— *Amen.*

INVITATION

« Convertissez-vous et que chacun soit baptisé au nom de Jésus Christ. »
Et si je réfléchissais à m'engager dans l'accompagnement d'un catéchumène ?

COMMENTAIRE

Présent autrement Jean 20, 11-18

Marie n'a cessé d'évoluer au cours de sa vie à l'écoute de Dieu et des événements. Si dans un premier temps, elle ne voit dans le tombeau vide que la conséquence d'un geste humain (on l'a « enlevé »), elle est capable de se laisser retourner, d'abandonner son chagrin, de consentir à ce que son Maître lui devienne présent d'une autre façon (« ne me retiens pas »). Et c'est bien son détachement qui peut faire d'elle l'Apôtre des Apôtres et être pour nous une source d'inspiration. ■

***Emmanuelle Billoteau,** ermite*

❊ CLÉ DE LECTURE

« Seigneur et Christ » Actes 2, 36 *(p. 18)*

Plusieurs décennies après la mort de Jésus, les chrétiens cherchent à dire l'indicible : le Ressuscité présent au milieu d'eux. Comment dire l'identité de celui que ses disciples ont vu mort sur la Croix, puis ont rencontré vivant, et dont ils sont devenus les témoins ? L'auteur des Actes, Luc, rassemble des titres dans les discours de Pierre : la résurrection attendue pour la fin des temps a eu lieu, mais d'autres images s'ajoutent : une exaltation de Jésus comme « Christ », Messie d'Israël, mais plus encore comme « Seigneur ». Ce dernier mot est le substitut du nom imprononçable de Dieu, utilisé dans la Septante. D'autres titres vont apparaître, essayant, chacun, de dire autrement le mystère inépuisable de son identité. Qui prétendrait le cerner ? ■

***Roselyne Dupont-Roc,** bibliste*

Octave de Pâques

Antienne d'ouverture

Venez, les bénis de mon Père, recevez en héritage le Royaume préparé pour vous depuis la fondation du monde, alléluia. (Mt 25, 34)

Gloire à Dieu *(p. 211)*

Prière

Seigneur Dieu, tu nous donnes chaque année la joie de fêter la résurrection du Seigneur ; à travers ces fêtes d'ici-bas, accorde-nous, dans ta bonté, de parvenir aux joies éternelles. Par Jésus… ***— Amen.***

Lecture

du livre des Actes des Apôtres (3, 1-10)

« Ce que j'ai, je te le donne : au nom de Jésus, lève-toi et marche »

En ces jours-là, Pierre et Jean montaient au Temple pour la prière de l'après-midi, à la neuvième heure. On y amenait alors un homme, infirme de naissance, que l'on installait chaque jour à la porte du Temple, appelée la « Belle-Porte », pour qu'il demande l'aumône à ceux qui entraient. Voyant Pierre et Jean qui allaient entrer dans le Temple, il leur demanda l'aumône. Alors Pierre, ainsi que Jean, fixa les yeux sur lui,

et il dit : « Regarde-nous ! » L'homme les observait, s'attendant à recevoir quelque chose de leur part. Pierre déclara : « De l'argent et de l'or, je n'en ai pas ; mais ce que j'ai, je te le donne : au nom de Jésus Christ le Nazaréen, lève-toi et marche. » Alors, le prenant par la main droite, il le releva et, à l'instant même, ses pieds et ses chevilles s'affermirent. D'un bond, il fut debout et il marchait. Entrant avec eux dans le Temple, il marchait, bondissait, et louait Dieu. Et tout le peuple le vit marcher et louer Dieu. On le reconnaissait : c'est bien lui qui était assis à la « Belle-Porte » du Temple pour demander l'aumône. Et les gens étaient frappés de stupeur et désorientés devant ce qui lui était arrivé. – Parole du Seigneur.

Psaume 104 (105)

℟ ***Joie pour les cœurs qui cherchent Dieu !***
ou ***Alléluia !***

Rendez grâce au Seigneur, proclamez son nom,
annoncez parmi les peuples ses hauts faits ;
chantez et jouez pour lui,
redites sans fin ses merveilles. ℟

Glorifiez-vous de son nom très saint :
joie pour les cœurs qui cherchent Dieu !
Cherchez le Seigneur et sa puissance,
recherchez sans trêve sa face. ℟

Vous, la race d'Abraham son serviteur,
les fils de Jacob, qu'il a choisis.
Le Seigneur, c'est lui notre Dieu :
ses jugements font loi pour l'univers. ℟

Il s'est toujours souvenu de son alliance,
parole édictée pour mille générations :
promesse faite à Abraham,
garantie par serment à Isaac. ℟

Acclamation de l'Évangile

Alléluia. Alléluia. Voici le jour que fit le Seigneur, qu'il soit pour nous jour de fête et de joie ! ***Alléluia.***

Évangile de Jésus Christ

selon saint Luc (24, 13-35)

Il se fit reconnaître par eux à la fraction du pain

Le même jour (c'est-à-dire le premier jour de la semaine), deux disciples faisaient route vers un village appelé Emmaüs, à deux heures de marche de Jérusalem, et ils parlaient entre eux de tout ce qui s'était passé. Or, tandis qu'ils s'entretenaient et s'interrogeaient, Jésus lui-même s'approcha, et il marchait avec eux. Mais leurs yeux étaient empêchés de le reconnaître. Jésus leur dit : « De quoi discutez-vous en marchant ? » Alors, ils s'arrêtèrent, tout tristes. L'un des deux, nommé Cléophas, lui répondit : « Tu es bien le seul étranger résidant à Jérusalem qui ignore les événements de ces jours-ci. » Il leur dit : « Quels événements ? » Ils lui répondirent : « Ce qui est arrivé à Jésus de Nazareth, cet homme qui était un prophète puissant par ses actes et ses paroles devant Dieu et devant tout le peuple : comment les grands prêtres et nos chefs l'ont livré, ils l'ont fait condamner à mort et ils l'ont crucifié. Nous, nous espérions que c'était lui qui allait délivrer Israël. Mais avec tout cela, voici déjà le troisième jour qui passe depuis que c'est arrivé. À vrai dire, des femmes de notre groupe nous ont remplis de stupeur. Quand, dès l'aurore, elles sont allées au tombeau, elles n'ont pas trouvé son corps ; elles sont venues nous dire qu'elles avaient même eu une vision : des anges, qui

disaient qu'il est vivant. Quelques-uns de nos compagnons sont allés au tombeau, et ils ont trouvé les choses comme les femmes l'avaient dit; mais lui, ils ne l'ont pas vu. » Il leur dit alors : « Esprits sans intelligence ! Comme votre cœur est lent à croire tout ce que les prophètes ont dit ! Ne fallait-il pas que le Christ souffrît cela pour entrer dans sa gloire ? » Et, partant de Moïse et de tous les Prophètes, il leur interpréta, dans toute l'Écriture, ce qui le concernait.

Quand ils approchèrent du village où ils se rendaient, Jésus fit semblant d'aller plus loin. Mais ils s'efforcèrent de le retenir : « Reste avec nous, car le soir approche et déjà le jour baisse. » Il entra donc pour rester avec eux. Quand il fut à table avec eux, ayant pris le pain, il prononça la bénédiction et, l'ayant rompu, il le leur donna. Alors leurs yeux s'ouvrirent, et ils le reconnurent, mais il disparut à leurs regards. Ils se dirent l'un à l'autre : « Notre cœur n'était-il pas brûlant en nous, tandis qu'il nous parlait sur la route et nous ouvrait les Écritures ? » À l'instant même, ils se levèrent et retournèrent à Jérusalem. Ils y trouvèrent réunis les onze Apôtres et leurs compagnons, qui leur dirent : « Le Seigneur est réellement ressuscité : il est apparu à Simon-Pierre. » À leur tour, ils racontaient ce qui s'était passé sur la route, et comment le Seigneur s'était fait reconnaître par eux à la fraction du pain.

Prière sur les offrandes

Accueille, nous t'en prions, Seigneur, le sacrifice qui rachète l'humanité, et dans ta bienveillance, réalise en nous le salut de l'esprit et du corps. Par le Christ, notre Seigneur. — ***Amen.*** *1re préface de Pâques, p. 215.*

Antienne de la communion

Les disciples reconnurent
le Seigneur Jésus
à la fraction du pain, alléluia.
(cf. Lc 24, 35)

Prière après la communion

Après avoir été purifiés de tout ce qui reste en nous de l'homme ancien, nous te prions, Seigneur : que le sacrement de ton Fils, reçu avec ferveur, nous fasse entrer dans la création nouvelle. Par le Christ, notre Seigneur. — ***Amen.***

INVITATION

Comme Pierre, même si je n'ai ni or ni argent, il y a sûrement quelque chose que je vais pouvoir offrir aujourd'hui : du temps, un sourire, une parole, un merci…

COMMENTAIRE

S'ouvrir à la rencontre

Luc 24, 13-35

Comme les disciples, sachons nous laisser rencontrer par le Christ et entrer dans un dialogue vrai avec lui, en exprimant le pourquoi de nos tristesses. Mais apprenons aussi à ne pas nous crisper sur nos amertumes et nos déceptions pour nous ouvrir à ses dons : celui de sa présence, de sa parole, de l'eucharistie, d'une communauté en recherche et en attente. N'est-ce pas ainsi que nous ferons l'expérience de la joie pascale et de l'avenir que le Ressuscité veut nous ouvrir ? ■

Emmanuelle Billoteau, *ermite*

JEUDI 4 AVRIL 2024

TEMPS PASCAL COULEUR LITURGIQUE : BLANC

Octave de Pâques

Antienne d'ouverture

D'un seul cœur ils ont chanté ta main victorieuse, Seigneur :
la Sagesse a ouvert la bouche des muets
et délié la langue des tout-petits, alléluia. (cf. Sg 10, 20-21)

Gloire à Dieu *(p. 211)*

Prière

Seigneur Dieu, tu as uni des peuples divers dans la confession de ton nom ; accorde à ceux qui renaissent à la fontaine baptismale d'avoir au cœur la même foi et dans leurs actes le même amour. Par Jésus… ***— Amen.***

Lecture

du livre des Actes des Apôtres (3, 11-26)

« Vous avez tué le Prince de la vie, lui que Dieu a ressuscité d'entre les morts »

En ces jours-là, l'infirme que Pierre et Jean venaient de guérir ne les lâchait plus. Tout le peuple accourut vers eux au Portique dit de Salomon. Les gens étaient stupéfaits. Voyant cela, Pierre interpella le peuple : « Hommes d'Israël, pourquoi vous étonner ? Pourquoi fixer les yeux sur nous, comme si c'était en vertu de notre puissance personnelle ou de

notre piété que nous lui avons donné de marcher ? Le Dieu d'Abraham, d'Isaac et de Jacob, le Dieu de nos pères, a glorifié son serviteur Jésus, alors que vous, vous l'aviez livré, vous l'aviez renié en présence de Pilate qui était décidé à le relâcher. Vous avez renié le Saint et le Juste, et vous avez demandé qu'on vous accorde la grâce d'un meurtrier. Vous avez tué le Prince de la vie, lui que Dieu a ressuscité d'entre les morts, nous en sommes témoins. Tout repose sur la foi dans le nom de Jésus Christ : c'est ce nom lui-même qui vient d'affermir cet homme que vous regardez et connaissez ; oui, la foi qui vient par Jésus l'a rétabli dans son intégrité physique, en votre présence à tous. D'ailleurs, frères, je sais bien que vous avez agi dans l'ignorance, vous et vos chefs. Mais Dieu a ainsi accompli ce qu'il avait d'avance annoncé par la bouche de tous les prophètes : que le Christ, son Messie souffrirait. Convertissez-vous et tournez-vous vers Dieu pour que vos péchés soient effacés. Ainsi viendront les temps de la fraîcheur de la part du Seigneur, et il enverra* le Christ Jésus qui vous est destiné. Il faut en effet que le ciel l'accueille jusqu'à l'époque où tout sera rétabli, comme Dieu l'avait dit par la bouche des saints, ceux d'autrefois, ses prophètes. Moïse a déclaré : *Le Seigneur votre Dieu suscitera pour vous, du milieu de vos frères, un prophète comme moi : vous l'écouterez en tout ce qu'il vous dira. Quiconque n'écoutera pas ce prophète sera retranché du peuple*. Ensuite, tous les prophètes qui ont parlé depuis Samuel et ses successeurs, aussi nombreux furent-ils, ont annoncé les jours où nous sommes. C'est vous qui êtes les fils des prophètes et de l'Alliance que Dieu a conclue avec vos pères, quand il disait à Abraham : *En ta descendance seront*

bénies toutes les familles de la terre. C'est pour vous d'abord que Dieu a suscité son Serviteur, et il l'a envoyé vous bénir, pourvu que chacun de vous se détourne de sa méchanceté. »
– Parole du Seigneur.

Psaume 8

℟ ***Ô Seigneur notre Dieu, qu'il est grand, ton nom, par toute la terre !***
OU
Alléluia !

À voir ton ciel, ouvr**a**ge de tes doigts,
la lune et les ét**o**iles que tu fixas,
qu'est-ce que l'homme
pour que tu p**e**nses à lui,
le fils d'un homme,
que tu en pr**e**nnes souci ? ℟

Tu l'as voulu un peu m**o**indre qu'un dieu,
le couronnant de gl**o**ire et d'honneur ;
tu l'établis sur les œ**u**vres de tes mains,
tu mets toute ch**o**se à ses pieds. ℟

Les troupeaux de bœ**u**fs et de brebis,
et même les b**ê**tes sauvages,
les oiseaux du ciel et les poiss**o**ns de la mer,
tout ce qui va son chem**i**n dans les eaux. ℟

Acclamation de l'Évangile

Alléluia. Alléluia. Voici le jour que fit le Seigneur, qu'il soit pour nous jour de fête et de joie ! ***Alléluia.***

Évangile de Jésus Christ

selon saint Luc (24, 35-48)

« Ainsi est-il écrit que le Christ souffrirait, qu'il ressusciterait d'entre les morts le troisième jour »

En ce temps-là, les disciples qui rentraient d'Emmaüs racontaient aux onze Apôtres et à leurs compagnons ce qui s'était passé sur la route, et comment le Seigneur s'était fait reconnaître par eux à la fraction du pain. Comme ils en parlaient encore, lui-même fut présent au milieu d'eux, et leur dit : « La paix soit avec vous ! » Saisis de frayeur et de crainte, ils croyaient voir un esprit. Jésus leur dit : « Pourquoi êtes-vous bouleversés ? Et pourquoi ces pensées qui surgissent dans votre cœur ? Voyez mes mains et mes pieds : c'est bien moi ! Touchez-moi, regardez : un esprit n'a pas de chair ni d'os comme vous constatez que j'en ai. » Après cette parole, il leur montra ses mains et ses pieds. Dans leur joie, ils n'osaient pas encore y croire, et restaient saisis d'étonnement. Jésus leur dit : « Avez-vous ici quelque chose à manger ? » Ils lui présentèrent une part de poisson grillé qu'il prit et mangea devant eux. Puis il leur déclara : « Voici les paroles que je vous ai dites quand j'étais encore avec vous : "Il faut que s'accomplisse tout ce qui a été écrit à mon sujet dans la loi de Moïse, les Prophètes et les Psaumes." » Alors il ouvrit leur intelligence à la compréhension des Écritures. Il leur dit : « Ainsi est-il écrit que le Christ souffrirait, qu'il ressusciterait d'entre les morts le troisième jour, et que la conversion serait proclamée en son nom, pour le pardon des péchés, à toutes les nations, en commençant par Jérusalem. À vous d'en être les témoins. »

Prière sur les offrandes

Accueille avec bonté ce sacrifice, nous t'en prions, Seigneur : nous te l'offrons dans l'action de grâce, pour ceux que tu as fait renaître par le baptême ; accorde-nous d'obtenir sans tarder le secours qui vient du ciel. Par le Christ, notre Seigneur. **— *Amen.***

1re préface de Pâques, p. 215.

Antienne de la communion

Peuple racheté par Dieu,
vous tous, annoncez les merveilles
de celui qui vous a appelés
des ténèbres à son admirable lumière,
alléluia.
(cf. 1 P 2, 9)

Prière après la communion

Écoute nos prières, Seigneur : que cet échange très saint où l'homme est racheté nous soutienne durant la vie présente et nous procure les joies éternelles. Par le Christ, notre Seigneur.
— *Amen.*

INVITATION

Je choisis un évènement précis ou une personne pour qui je vais prier aujourd'hui.

COMMENTAIRE

Perdu et retrouvé

Luc 24, 35-48

Les disciples parlent beaucoup entre eux dans les récits qui suivent la Résurrection, mais le centre de leur échange est bien le Christ : qu'ils ont perdu, qu'ils ont retrouvé, dont ils annoncent la venue. Jésus est au centre de leur quête, au centre de leur vie, au centre de leur relation à autrui. Et cela porte du fruit malgré la stupeur, la crainte, les doutes : oui, le Ressuscité est bien le même que le Crucifié. Dieu a fait merveille, une réalité qui ne peut être gardée pour soi-même ! ■

***Emmanuelle Billoteau**, ermite*

❊ CLÉ DE LECTURE

« Il enverra »

Actes 3, 20 *(p. 29)*

Le jeu des temps ne facilite pas la lecture de ce texte. Pierre l'affirme, Dieu a déjà envoyé son serviteur Jésus, celui-ci a déjà été rejeté et supplicié. Mais Dieu, accomplissant les promesses faites à son peuple, l'a suscité, il a répandu sur tous la bénédiction offerte à Abraham. Le verbe « susciter, relever » sert à dire la résurrection. Faut-il alors attendre un nouvel envoi, aux temps de la fraîcheur, où un souffle nouveau viendra sur le monde ? Déjà les premiers témoins ont reçu ce souffle, cet Esprit ; déjà au nom de Jésus ils ont relevé l'infirme. Chacun, désormais, est invité à se détourner de sa méchanceté à accueillir le Christ envoyé dans la fraîcheur nouvelle de l'Esprit. Dieu a accompli sa promesse, et il attend chacun de nous. ■

***Roselyne Dupont-Roc**, bibliste*

VENDREDI 5 AVRIL 2024

TEMPS PASCAL COULEUR LITURGIQUE : BLANC

Octave de Pâques

Antienne d'ouverture

Le Seigneur a fait sortir son peuple dans l'espérance, et la mer a englouti leurs ennemis, alléluia. (cf. Ps 77, 53)

Gloire à Dieu (p. 211)

Prière

Dieu éternel et tout-puissant, par le mystère pascal, tu as rétabli l'humanité dans ton alliance ; accorde-nous d'exprimer par nos actes la foi que nos célébrations proclament. Par Jésus… — ***Amen.***

Lecture

du livre des Actes des Apôtres (4, 1-12)

« En nul autre que lui, il n'y a de salut »

En ces jours-là, après la guérison de l'infirme, comme Pierre et Jean parlaient encore au peuple, les prêtres survinrent, avec le commandant du Temple et les sadducéens ; ils étaient excédés de les voir enseigner le peuple et annoncer, en la personne de Jésus, la résurrection d'entre les morts. Ils les firent arrêter et placer sous bonne garde jusqu'au lendemain, puisque c'était déjà le soir. Or, beaucoup de ceux qui avaient

entendu la Parole devinrent croyants ; à ne compter que les hommes, il y en avait environ cinq mille.
Le lendemain se réunirent à Jérusalem les chefs du peuple, les anciens et les scribes. Il y avait là Hanne le grand prêtre, Caïphe, Jean, Alexandre, et tous ceux qui appartenaient aux familles de grands prêtres. Ils firent amener Pierre et Jean au milieu d'eux et les questionnèrent : « Par quelle puissance, par le nom de qui, avez-vous fait cette guérison ? » Alors Pierre, rempli de l'Esprit Saint, leur déclara : « Chefs du peuple et anciens, nous sommes interrogés aujourd'hui pour avoir fait du bien à un infirme, et l'on nous demande comment cet homme a été sauvé. Sachez-le donc, vous tous, ainsi que tout le peuple d'Israël : c'est par le nom de Jésus le Nazaréen, lui que vous avez crucifié mais que Dieu a ressuscité d'entre les morts, c'est par lui que cet homme se trouve là, devant vous, bien portant. Ce Jésus est la pierre méprisée de vous, les bâtisseurs, mais devenue la pierre d'angle. En nul autre que lui, il n'y a de salut, car, sous le ciel, aucun autre nom n'est donné aux hommes, qui puisse nous sauver. »
– Parole du Seigneur.

Psaume 117 (118)

℟ ***La pierre qu'ont rejetée les bâtisseurs est devenue la pierre d'angle.***
OU ***Alléluia !***

Rendez grâce au Seigneur : Il est bon !
Éternel est son amour !
Oui, que le dise Israël :
Éternel est son amour !
Qu'ils le disent, ceux qui craignent le Seigneur :
Éternel est son amour ! ℟

La pierre qu'ont rejetée les bâtisseurs
est devenue la pierre d'angle :
c'est là l'œuvre du Seigneur,
la merveille devant nos yeux.
Voici le jour que fit le Seigneur,
qu'il soit pour nous jour de fête et de joie ! ℟

Donne, Seigneur, donne le salut !
Donne, Seigneur, donne la victoire !
Béni soit au nom du Seigneur celui qui vient !
De la maison du Seigneur,
nous vous bénissons !
Dieu, le Seigneur, nous illumine. ℟

Acclamation de l'Évangile

Alléluia. Alléluia. Voici le jour que fit le Seigneur, qu'il soit pour nous jour de fête et de joie ! ***Alléluia.***

Évangile de Jésus Christ

selon saint Jean (21, 1-14)

« Jésus s'approche ; il prend le pain et le leur donne ; et de même pour le poisson »

En ce temps-là, Jésus se manifesta encore aux disciples sur le bord de la mer de Tibériade, et voici comment. Il y avait là, ensemble, Simon-Pierre, avec Thomas, appelé Didyme (c'est-à-dire Jumeau), Nathanaël, de Cana de Galilée, les fils de Zébédée, et deux autres de ses disciples. Simon-Pierre leur dit : « Je m'en vais à la pêche. » Ils lui répondent : « Nous aussi, nous allons avec toi. » Ils partirent et montèrent dans la barque ; or, cette nuit-là, ils ne prirent rien.

Au lever du jour, Jésus se tenait sur le rivage, mais les disciples ne savaient pas que c'était lui. Jésus leur dit :

« Les enfants, auriez-vous quelque chose à manger ? » Ils lui répondirent : « Non. » Il leur dit : « Jetez le filet à droite de la barque, et vous trouverez. » Ils jetèrent donc le filet, et cette fois ils n'arrivaient pas à le tirer, tellement il y avait de poissons. Alors, le disciple que Jésus aimait dit à Pierre : « C'est le Seigneur ! » Quand Simon-Pierre entendit que c'était le Seigneur, il passa un vêtement, car il n'avait rien sur lui, et il se jeta à l'eau. Les autres disciples arrivèrent en barque, traînant le filet plein de poissons ; la terre n'était qu'à une centaine de mètres. Une fois descendus à terre, ils aperçoivent, disposé là, un feu de braise avec du poisson posé dessus, et du pain. Jésus leur dit : « Apportez donc de ces poissons que vous venez de prendre. » Simon-Pierre remonta et tira jusqu'à terre le filet plein de gros poissons : il y en avait cent cinquante-trois. Et, malgré cette quantité, le filet ne s'était pas déchiré. Jésus leur dit alors : « Venez manger. » Aucun des disciples n'osait lui demander : « Qui es-tu ? » Ils savaient que c'était le Seigneur. Jésus s'approche ; il prend le pain et le leur donne ; et de même pour le poisson. C'était la troisième fois que Jésus ressuscité d'entre les morts se manifestait à ses disciples.

Prière sur les offrandes

Accomplis en nous, Seigneur, dans ta bonté l'échange que nous attendons de cette offrande pascale, afin de passer des attachements terrestres au désir du ciel. Par le Christ, notre Seigneur. ***— Amen.***

1re préface de Pâques, p. 215.

Antienne de la communion

Au bord du lac, Jésus invite
ses disciples : « Venez, mangez ! »
Puis il prend le pain et le leur donne,
alléluia.
(cf. Jn 21, 12-13)

Prière après la communion

Nous t'en prions, Seigneur, ne cesse pas de protéger avec tendresse ceux que tu as sauvés : la passion de ton Fils les a rachetés, qu'ils trouvent leur joie dans sa résurrection. Lui qui…
— Amen.

INVITATION

La pierre d'angle est pourtant celle qui avait été rejetée. Y a-t-il autour de moi des personnes rejetées que je pourrais aider d'une manière ou d'une autre ?

COMMENTAIRE

Rencontre au lac Jean 21, 1-14

Aucun lieu, aucune situation où le Christ ne puisse nous rejoindre. Les disciples ne lisent pas l'Écriture, ne célèbrent pas une liturgie, ils travaillent sur le lac. Et c'est là que Jésus les attend, leur donne le gage de sa présence dans la fécondité nouvelle de la pêche. Une donnée qui peut nous aider à accéder à une authentique paix du cœur. Sans oublier ce précieux critère de discernement qui signe la présence du Ressuscité : celui de fruits inattendus. ■

***Emmanuelle Billoteau,** ermite*

SAMEDI 6 AVRIL 2024

TEMPS PASCAL COULEUR LITURGIQUE : BLANC

Octave de Pâques

Antienne d'ouverture

Le Seigneur a fait sortir en grande fête son peuple,
ses élus, avec des cris de joie, alléluia ! (Ps 104, 43)

Gloire à Dieu *(p. 211)*

Prière

Seigneur Dieu, par l'abondance de ta grâce, tu fais grandir le peuple des croyants ; regarde avec bonté ceux que tu as choisis ; le baptême les a fait renaître : qu'ils soient revêtus de l'immortalité bienheureuse. Par Jésus… ***— Amen.***

Lecture

du livre des Actes des Apôtres (4, 13-21)

« Il nous est impossible de nous taire sur ce que nous avons vu et entendu »

En ces jours-là, les chefs du peuple, les Anciens et les scribes constataient l'assurance de Pierre et de Jean et, se rendant compte que c'était des hommes sans culture et de simples particuliers, ils étaient surpris ; d'autre part, ils reconnaissaient en eux ceux qui étaient avec Jésus. Mais comme ils voyaient, debout avec eux, l'homme qui avait été guéri, ils ne trouvaient rien à redire. Après leur avoir ordonné de

quitter la salle du Conseil suprême, ils se mirent à discuter entre eux. Ils disaient : « Qu'allons-nous faire de ces gens-là ? Il est notoire, en effet, qu'ils ont opéré un miracle ; cela fut manifeste pour tous les habitants de Jérusalem, et nous ne pouvons pas le nier. Mais pour en limiter la diffusion dans le peuple, nous allons les menacer afin qu'ils ne parlent plus à personne en ce nom-là. » Ayant rappelé Pierre et Jean, ils leur interdirent formellement de parler ou d'enseigner au nom de Jésus. Ceux-ci leur répliquèrent : « Est-il juste devant Dieu de vous écouter, plutôt que d'écouter Dieu ? À vous de juger. Quant à nous, il nous est impossible de nous taire sur ce que nous avons vu et entendu. » Après de nouvelles menaces, ils les relâchèrent, faute d'avoir trouvé le moyen de les punir : c'était à cause du peuple, car tout le monde rendait gloire à Dieu pour ce qui était arrivé.
– Parole du Seigneur.

Psaume 117 (118)

℟ ***Seigneur, je te rends grâce, car tu m'as exaucé.***
OU ***Alléluia !***

Rendez grâce au Seigneur : Il est bon !
Éternel est son amour !
Ma force et mon chant, c'est le Seigneur ;
il est pour moi le salut.
Clameurs de joie et de victoire
sous les tentes des justes : ℟

« Le bras du Seigneur se lève,
le bras du Seigneur est fort ! »
Non, je ne mourrai pas, je vivrai
pour annoncer les actions du Seigneur :
il m'a frappé, le Seigneur, il m'a frappé,
mais sans me livrer à la mort. ℟

Ouvrez-moi les portes de justice :
j'entrerai, je rendrai grâce au Seigneur.
« C'est ici la porte du Seigneur :
qu'ils entrent, les justes ! »
Je te rends grâce car tu m'as exaucé :
tu es pour moi le salut. ℟

Acclamation de l'Évangile

Alléluia. Alléluia. Voici le jour que fit le Seigneur, qu'il soit pour nous jour de fête et de joie ! ***Alléluia.***

Évangile de Jésus Christ

selon saint Marc (16, 9-15)

« Allez dans le monde entier. Proclamez l'Évangile »

Ressuscité le matin, le premier jour de la semaine, Jésus apparut d'abord à Marie Madeleine, de laquelle il avait expulsé sept démons. Celle-ci partit annoncer la nouvelle à ceux qui, ayant vécu avec lui, s'affligeaient et pleuraient. Quand ils entendirent que Jésus était vivant et qu'elle l'avait vu, ils refusèrent de croire.

Après cela, il se manifesta sous un autre aspect à deux d'entre eux qui étaient en chemin pour aller à la campagne. Ceux-ci revinrent l'annoncer aux autres, qui ne les crurent pas non plus. Enfin, il se manifesta aux Onze eux-mêmes pendant qu'ils étaient à table : il leur reprocha leur manque de foi et la dureté de leurs cœurs parce qu'ils n'avaient pas cru* ceux qui l'avaient contemplé ressuscité. Puis il leur dit : « Allez dans le monde entier. Proclamez l'Évangile à toute la création. »

Prière sur les offrandes

Donne-nous, Seigneur, nous t'en prions, de toujours te rendre grâce par ces mystères de Pâques ; qu'ils continuent l'œuvre de notre relèvement et deviennent pour nous une source intarissable de joie. Par le Christ, notre Seigneur. — ***Amen.***

1re préface de Pâques, p. 215.

Antienne de la communion

Vous tous que le baptême
a unis au Christ,
vous avez revêtu le Christ,
alléluia.
(Ga 3, 27)

Prière après la communion

Regarde avec bonté, Seigneur, nous t'en prions, le peuple que tu as rénové par tes sacrements ; accorde-nous de parvenir à la vie incorruptible lorsque notre chair ressuscitera dans la gloire. Par le Christ, notre Seigneur. — ***Amen.***

INVITATION

En cette octave de Pâques qui s'achève, dans la lumière du Ressuscité, je peux me recueillir quelques instants devant un cierge ou une bougie.

COMMENTAIRE

Terrains fertiles

Marc 16, 9-15

Marc insiste sur l'incrédulité des disciples. Ni le témoignage de Marie ni celui de leurs confrères ne suffisent à les convaincre. Cela étant, le Ressuscité ne les abandonne pas à cette attitude stérile. Il se rend présent et les envoie en mission. Alors ne prenons pas prétexte de nos « pauvretés » pour nous dérober à l'exigence de parler, y compris de nos atermoiements. Ne sommes-nous pas cette terre aride (Ps 63, 2) que Dieu a promis de transformer en verger luxuriant (cf. Is 35, 1-2) ? ■

Emmanuelle Billoteau, *ermite*

❊ CLÉ DE LECTURE

« Ils n'avaient pas cru »

Marc 16, 14 *(p. 41)*

Cette finale, ajoutée plus tardivement à l'évangile de Marc, résume les récits d'apparition de Jésus ressuscité et l'envoi en mission des disciples. On y lit par deux fois la même succession d'événements : « Jésus apparut » (ou « il se manifesta ») ; « celle-ci partit annoncer » (ou « ceux-ci revinrent l'annoncer ») ; « ils ne crurent pas ». L'auteur schématise ainsi l'échec des premiers témoins si souvent rabroués ou moqués. Une troisième fois Jésus se manifeste et reproche lui-même aux Onze leur manque de foi. Faut-il conclure à l'impossibilité de la mission chrétienne ? Or, Jésus passe outre et envoie les disciples annoncer l'Évangile à toute la Création ! C'est en l'annonçant que les disciples enracineront leur propre foi et la vérifieront, car lui agira à travers eux et confirmera leur parole. ■

Roselyne Dupont-Roc, *bibliste*

DIMANCHE 7 AVRIL 2024

DIMANCHE DE LA DIVINE MISÉRICORDE

ANNÉE B – COULEUR LITURGIQUE : BLANC

La pierre rejetée par les bâtisseurs est devenue pierre d'angle. Christ apporte à tous les hommes la Bonne Nouvelle du salut. Non, la mort n'aura pas le dernier mot. Ensemble, en Église, les disciples du Ressuscité sont invités à en témoigner. Accueillons cette paix, ce don de Dieu, ce fruit de l'Esprit.

RITES INITIAUX

Chant d'entrée *(Suggestions p. 239)*

OU

Antienne d'ouverture

Comme des enfants nouveau-nés,
soyez avides du lait pur de la Parole,
qui vous fera grandir
pour arriver au salut, alléluia.
(1 P 2, 2)

OU

Accueillez la joie de la gloire qui vous est donnée,
rendez grâce à Dieu qui vous a appelés au royaume des Cieux,
alléluia. (4 Esd 2, 36-37)

Suggestion de préparation pénitentielle *(ou p. 208)*

Jésus Ressuscité nous a fait connaître un Dieu de tendresse et de miséricorde. Simplement, tournons-nous vers lui et reconnaissons notre péché.

Seigneur Jésus, tu es venu par l'eau et par le sang, prends pitié de nous.

— Prends pitié de nous.

Ô Christ Ressuscité, tu fais de nous des messagers de ta miséricorde, prends pitié de nous.

— Prends pitié de nous.

Seigneur, tu nous partages ta victoire sur la mort, prends pitié de nous.
— Prends pitié de nous.

Que Dieu tout-puissant nous fasse miséricorde ; qu'il nous pardonne nos péchés et nous conduise à la vie éternelle. ***— Amen.***

Gloire à Dieu *(p. 211)*

Prière

Dieu d'éternelle miséricorde, chaque année, par les célébrations pascales, tu ranimes la foi du peuple qui t'est consacré : fais grandir le don de ta grâce, afin que tous comprennent vraiment quel baptême les a purifiés, quel Esprit les a fait renaître, et quel sang les a rachetés. Par Jésus… ***— Amen.***

LITURGIE DE LA PAROLE

Lecture du livre des Actes des Apôtres (4, 32-35)

« Un seul cœur et une seule âme »

La multitude de ceux qui étaient devenus croyants avait un seul cœur et une seule âme ; et personne ne disait que ses biens lui appartenaient en propre, mais ils avaient tout en commun. C'est avec une grande puissance que les Apôtres rendaient témoignage de la résurrection du Seigneur Jésus, et une grâce abondante

reposait sur eux tous. Aucun d'entre eux n'était dans l'indigence, car tous ceux qui étaient propriétaires de domaines ou de maisons les vendaient, et ils apportaient le montant de la vente pour le déposer aux pieds des Apôtres; puis on le distribuait en fonction des besoins de chacun.
– Parole du Seigneur.

Psaume 117 (118)

℟ ***Rendez grâce au Seigneur : Il est bon ! Éternel est son amour !***
OU
Alléluia !

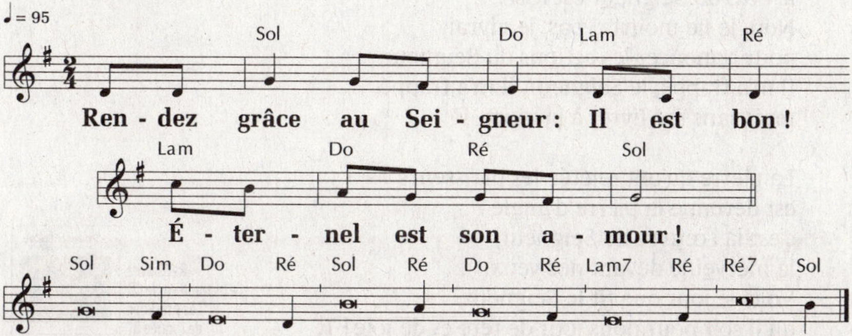

T. : AELF; M. : B. Delattre; Éd. : ADF.

℟ ***Rendez grâce au Seigneur : Il est bon ! Éternel est son amour !***
OU ***Alléluia !***

Oui, que le dise Israël :
Éternel est son amour !
Que le dise la maison d'Aaron :
Éternel est son amour !
Qu'ils le disent, ceux qui craignent le Seigneur :
Éternel est son amour ! ℟

Le bras du Seigneur se lève,
le bras du Seigneur est fort !
Non, je ne mourrai pas, je vivrai
pour annoncer les actions du Seigneur.
Il m'a frappé, le Seigneur, il m'a frappé,
mais sans me livrer à la mort. ℟

La pierre qu'ont rejetée les bâtisseurs
est devenue la pierre d'angle :
c'est là l'œuvre du Seigneur,
la merveille devant nos yeux.
Voici le jour que fit le Seigneur,
qu'il soit pour nous jour de fête et de joie ! ℟

Retrouvez ce psaume sur le CD "Les psaumes de l'année B"

Lecture de la première lettre de saint Jean (5, 1-6)

« Tout être qui est né de Dieu est vainqueur du monde »

Bien-aimés, celui qui croit que Jésus est le Christ, celui-là est né de Dieu; celui qui aime le Père qui a engendré aime aussi le Fils qui est né de lui. Voici comment nous reconnaissons que nous aimons les enfants de Dieu : lorsque nous aimons Dieu et que nous accomplissons ses commandements. Car tel est l'amour de Dieu : garder ses commandements; et ses commandements ne sont pas un fardeau, puisque tout être qui est né de Dieu est vainqueur du monde. Or la victoire remportée sur le monde, c'est notre foi. Qui donc est vainqueur du monde ? N'est-ce pas celui qui croit que Jésus est le Fils de Dieu ?

C'est lui, Jésus Christ, qui est venu par l'eau et par le sang : non pas seulement avec l'eau, mais avec l'eau et avec le sang. Et celui qui rend témoignage, c'est l'Esprit, car l'Esprit est la vérité.

– Parole du Seigneur.

Acclamation de l'Évangile

Alléluia. Alléluia. Thomas, parce que tu m'as vu, tu crois, dit le Seigneur. Heureux ceux qui croient sans avoir vu ! ***Alléluia.***

T. : AELF ; M. : P. Robert.

Évangile de Jésus Christ selon saint Jean (20, 19-31)

« Huit jours plus tard, Jésus vient »

C'était après la mort de Jésus. Le soir venu, en ce premier jour de la semaine, alors que les portes du lieu où se trouvaient les disciples étaient verrouillées par crainte des Juifs, Jésus vint, et il était là au milieu d'eux. Il leur dit : « La paix soit avec vous ! » Après cette parole, il leur montra ses mains et son côté. Les disciples furent remplis de joie en voyant le Seigneur. Jésus leur dit

de nouveau : « La paix soit avec vous ! De même que le Père m'a envoyé, moi aussi, je vous envoie. » Ayant ainsi parlé, il souffla sur eux et il leur dit : « Recevez l'Esprit Saint. À qui vous remettrez ses péchés, ils seront remis ; à qui vous maintiendrez ses péchés, ils seront maintenus. »
Or, l'un des Douze, Thomas, appelé Didyme (c'est-à-dire Jumeau), n'était pas avec eux quand Jésus était venu. Les autres disciples lui disaient : « Nous avons vu le Seigneur ! » Mais il leur déclara : « Si je ne vois pas dans ses mains la marque des clous, si je ne mets pas mon doigt dans la marque des clous, si je ne mets pas la main dans son côté, non, je ne croirai pas ! »
Huit jours plus tard, les disciples se trouvaient de nouveau dans la maison, et Thomas était avec eux. Jésus vient, alors que les portes étaient verrouillées, et il était là au milieu d'eux. Il dit : « La paix soit avec vous ! » Puis il dit à Thomas : « Avance ton doigt ici, et vois mes mains ; avance ta main, et mets-la dans mon côté : cesse d'être incrédule, sois croyant. » Alors Thomas lui dit : « Mon Seigneur et mon Dieu ! » Jésus lui dit : « Parce que tu m'as vu, tu crois. Heureux ceux qui croient sans avoir vu. »
Il y a encore beaucoup d'autres signes que Jésus a faits en présence des disciples et qui ne sont pas écrits dans ce livre. Mais ceux-là ont été écrits pour que vous croyiez que Jésus est le Christ, le Fils de Dieu, et pour qu'en croyant, vous ayez la vie en son nom.

Homélie

Profession de foi *(p. 212)*

Suggestion de prière universelle

Le prêtre :

Le Christ est passé de la mort à la vie. Dans la joie, prions-le pour tous nos frères et sœurs.

℟ ***Ô Christ ressuscité, exauce-nous.***

Missel noté de l'assemblée 35.32.

Le diacre ou un lecteur :

Pour les nouveaux baptisés de Pâques : qu'ils progressent dans la foi et qu'avec tous les chrétiens, ils témoignent de la miséricorde et de la bonté de Dieu, prions le Seigneur. ℟

Demain, nous fêtons l'annonce faite à Marie ; pour que la dignité et la richesse des femmes soient reconnues dans toutes les cultures, avec le pape François, prions le Seigneur. ℟

Pour ceux qui sont tristes et désespérés : qu'en ce temps pascal, ils trouvent des témoins de la joie et de l'amour du Ressuscité, prions le Seigneur. ℟

Pour les populations qui subissent les conséquences dévastatrices des pays en guerre : que leurs dirigeants recherchent la paix et la justice, prions le Seigneur. ℟

(Ces intentions seront adaptées ou modifiées selon les circonstances.)

Le prêtre :

Seigneur Jésus, tu te tiens au milieu des croyants rassemblés en ton nom. Écoute les supplications de ta famille et réponds à ses appels. Toi qui vis et règnes pour les siècles des siècles. – ***Amen.***

LITURGIE EUCHARISTIQUE

Prière sur les offrandes

Accueille, nous t'en prions, Seigneur, les offrandes de ton peuple, et, en particulier, de ceux que tu as fait renaître ; ils ont été renouvelés en confessant ton nom et en recevant le baptême : accorde-leur de parvenir au bonheur sans fin. Par le Christ, notre Seigneur. – ***Amen.***

Prière eucharistique *(1re préface de Pâques, p. 215)*

Chant de communion *(Suggestions p. 239)*

OU

Antienne de la communion

Jésus dit à Thomas : « Avance ta main, touche du doigt l'endroit des clous ; cesse d'être incrédule, sois croyant », alléluia. (cf. Jn 20, 27)

Prière après la communion

Nous t'en prions, Dieu tout-puissant : que le mystère pascal accueilli dans cette communion ne cesse jamais d'agir en nos cœurs. Par le Christ, notre Seigneur. **— *Amen.***

RITE DE CONCLUSION

Bénédiction solennelle

En ressuscitant son Fils unique, Dieu vous a accordé le bienfait de la rédemption, il a fait de vous ses enfants : qu'il vous donne la joie de sa bénédiction. **— *Amen.***
Du Rédempteur, vous avez reçu d'être libres à jamais : qu'il vous accorde aussi d'avoir part à l'héritage éternel. **— *Amen.***
Par la foi au Christ, dans le baptême vous êtes déjà ressuscités; par la droiture de votre vie présente, puissiez-vous mériter de lui être unis dans la patrie du ciel. **— *Amen.***
Et que la bénédiction de Dieu tout-puissant, le Père, et le Fils, ✠ et le Saint-Esprit, descende sur vous et y demeure toujours. **— *Amen.***

Envoi

Le diacre ou le prêtre dit :
Allez, dans la paix du Christ, alléluia, alléluia !
— Nous rendons grâce à Dieu, alléluia, alléluia !

COMMENTAIRE DU DIMANCHE

Karem Bustica, rédactrice en chef de *Prions en Église*

Déconcertante miséricorde

Institué il y a 24 ans par le pape Jean-Paul II, nous célébrons aujourd'hui le dimanche de la Divine Miséricorde, une occasion pour dire merci à Dieu d'être Dieu, tout simplement.

La miséricorde est l'attitude de celui qui se laisse toucher par la souffrance d'autrui et qui le rejoint avec bonté et désintéressement. La Bible attribue cette vertu à Dieu : il est le miséricordieux. C'est ainsi qu'il se présente à Moïse (Ex 3, 7-10) : Dieu voit la souffrance, Dieu se laisse toucher par le malheur de son peuple et entreprend de le sauver. Jusqu'à donner son Fils et pardonner notre péché. « C'est trop facile », diront certains. Justement, y a-t-il quelque chose de plus difficile que d'accepter d'être aimé pour rien ? Qu'il est gênant d'accueillir la miséricorde de Dieu ! Les lectures de ce dimanche éclairent l'idée que nous nous faisons •••

••• de Dieu. Par exemple, avec Thomas nous comprenons que la foi n'a pas besoin de preuves. Croire en Dieu est un don qui nous est fait, gratuitement. Ce don reste mystérieux et rien ne peut l'expliquer : ni notre désir de croire, ni notre niveau intellectuel, ni notre gentillesse envers les autres, ni notre capacité à traverser la souffrance. C'est déconcertant d'éprouver la miséricorde de Dieu.
L'Église nous invite aujourd'hui à convertir notre regard sur Dieu, à nous laisser aimer généreusement par lui, à en faire de même autour de nous. Et à lui dire merci.

Qu'est-ce qui me touche dans les lectures de ce jour ?

Comment ai-je vu la miséricorde de Dieu au long de mon histoire ? ■

Prions en Eglise junior

LIRE L'ÉVANGILE AVEC LES ENFANTS

CE QUE JE DÉCOUVRE

Sans doute as-tu des amis qui ne connaissent pas Jésus ? Comme l'apôtre Thomas, ils ont du mal à croire en lui car ils ne le voient pas. Pourtant, si tu le voyais « en vrai », tu n'aurais plus d'autre choix que de croire, plus la liberté d'avoir la foi. **Jésus veut que tu le choisisses de tout ton cœur, dans la joie.** Comme Thomas, diras-tu à Jésus : « Mon Seigneur et mon Dieu » ?

CE QUE JE VIS

Quelle est la dernière bonne nouvelle qu'on t'ait annoncée ? As-tu choisi d'y croire ? Pourquoi ?
Ferme les yeux et dis :
« Jésus, je ne te vois pas, mais je crois en toi. »
Et adresse-lui une prière.

Texte : Thibault Van Den Driessche. Illustrations : Marcelino Truong

7 - 13

MÉDITATION BIBLIQUE

DIMANCHE DE LA DIVINE MISÉRICORDE

Psaume 117 (118)

Remis au centre

Et si la dimension la plus spirituelle de nos existences était aussi la plus concrète ?

Le temps de la préparation

**« Rendez grâce au Seigneur :
Il est bon ! Éternel est son amour !
Qu'ils le disent, ceux
qui craignent le Seigneur : Éternel
est son amour ! » (Ps 117, 1.4)**

Le temps de l'observation

Le psaume 117 est un bel exemple de la continuité qui traverse la Bible. Il donne une clé puissante de la compréhension chrétienne de l'Écriture. « La pierre qu'ont rejetée les bâtisseurs est devenue la pierre d'angle. » Ce constat est étrange pour qui n'a jamais eu à bâtir de mur en pierres. Il raconte pourtant ce qu'est l'action de Dieu dans ce monde. Ce qui a été rejeté, méprisé, exclu parce que jugé indigne de faire partie du projet divin est remis au centre par la volonté et la force de Dieu. C'est là la merveille que ne cesse de redire la Bible. L'action de Dieu consiste à remettre les plus rejetés au cœur de son projet de vie. Le constat n'est pas moral au sens où il ne concerne pas d'abord une réflexion sur ce qu'est le bien ou le mal. Il est presque organique à ce qu'est le fonctionnement du monde. Le psaume révèle ainsi le secret précieux qui dirige le monde, la force d'attraction qui conduit le refoulé à être remis au centre.

Le temps de la méditation

La phrase murmurée par le psaume devrait révolutionner nos vies. Si ce n'est pas le cas, c'est peut-être parce que nous ne pensons pas qu'elle soit efficace et réelle dans nos vies. Peut-être pensons-nous qu'elle fonctionnera après la vie ou qu'elle n'est vraie que pour certains. La Bible s'attache à démonter ces arguments. Non, la force de Dieu dans ce monde consiste à, inlassablement, ramener, conduire, prendre soin des personnes en les remettant en vie en les remettant au centre. Cela passe parfois par des détails, des clins d'œil qui ressemblent à de la chance ou du hasard. Or, la fréquentation de la parole de Dieu est une occasion, un entraînement pour apprendre à lire les signes de ce processus. Dieu fait ce qu'il peut avec nos réticences, nos aveuglements et notre propension à aller dans le sens contraire. L'aider consiste à être plus conscient de son action et à arrêter de juger et d'exclure.

Le temps de la prière

« Voici le jour que fit le Seigneur, qu'il soit pour nous jour de fête et de joie ! Donne, Seigneur, donne le salut ! Donne, Seigneur, donne la victoire ! » (Ps 117, 24-25) ■

Marie-Laure Durand, bibliste

PARTAGE BIBLIQUE

Environ 45 minutes — *Une bible ou* Prions en Église, *page 47*

« RENDEZ GRÂCE AU SEIGNEUR : IL EST BON ! » Ps 117 (118)

Lire

Retrouvons-nous autour d'un psaume de louange et de fête. Prenons le temps de lire l'ensemble de ce psaume avant de le prier.

Comprendre le texte

Le psaume 117 conclut les psaumes du « Hallel » (112 à 117) qui signifie « chant, louange ». Il décrit l'immense confiance en Dieu qui anime le roi David. Il contient également de nombreuses louanges de Dieu qui accomplit toutes ses promesses envers ses fidèles. Il raconte l'histoire d'un roi qui vient d'affronter une guerre sans merci et qui a remporté la victoire ; et ce roi vient rendre grâce à son Dieu de l'avoir soutenu. C'est donc un individu qui parle ici, un roi qui a miraculeusement échappé à toutes les attaques des pays qui l'assaillaient. Ce rôle de témoin des œuvres du Seigneur, c'est la vocation propre d'Israël ; et c'est dans la conscience même de cette vocation qu'Israël a puisé la force de survivre à toutes ses épreuves au long de l'histoire. La lecture chrétienne met en lien la pierre d'angle et le Ressuscité du matin de Pâques. Le Christ, rejeté par son peuple, est devenu la pierre de fondation de l'Israël nouveau qui rend grâce à Dieu son Père. Cette attitude en forme de gratitude envers le Père inaugure entre Dieu et l'humanité l'Alliance nouvelle : celle où l'humanité n'est que réponse d'amour à l'amour du Père.

Partager

- Quelle place prennent les psaumes dans ma prière ?
- Quelle difficulté est-ce que je rencontre quand je lis les psaumes ?
- Sur quelles paroles se fonde ma louange ?
- Y a-t-il un psaume qui me parle davantage et pourquoi ?

Prier

Un chant s'impose : *Psaume 117 – Alléluia, proclamez que le Seigneur est bon* (p. 252). ■

Sylvain Gasser, prêtre assomptionniste

Une prière *de Francis Daoust, pour ce dimanche*

Tu es là, vivant

Seigneur, entends ma prière. Dieu, écoute mon cœur.
Longtemps, j'ai attendu de grands signes venant de toi.
Je t'ai demandé des preuves comme Thomas
qui voulait mettre la main dans ton côté.
Mais par le plus petit des signes, tu t'es révélé à moi.
Comme pour Élie, tu t'es manifesté dans ce qui est
à peine perceptible. Dans le son du fin silence,
tu as dévoilé qui tu es.
Heureux suis-je, car je crois sans t'avoir vu.
Tu es le Tout-Puissant, qui se manifeste dans la douceur.
Tu es le paradoxe, le buisson qui brûle mais ne se consume
pas. Tu es celui qui ne laisse rien impuni, mais qui pardonne
tout. Comme pour Thomas, tu es là, vivant.
Je vois maintenant ton empreinte partout, dans les petites
merveilles qui révèlent ta grandeur.
Je te rends grâce, mon Dieu, d'avoir ainsi ouvert mes yeux.

LUNDI 8 AVRIL 2024

COULEUR LITURGIQUE : BLANC

Annonciation du Seigneur

7-13

Antienne d'ouverture

Le Christ, en entrant dans le monde, dit :
« Me voici, mon Dieu ; je viens pour faire ta volonté. » (He 10, 5.7)

Gloire à Dieu *(p. 211)*

Prière

Seigneur Dieu, tu as voulu que ton Verbe prît chair en toute vérité dans le sein de la Vierge Marie ; puisque nous reconnaissons en lui notre Rédempteur, à la fois Dieu et homme, accorde-nous d'être participants de sa nature divine. Lui qui… — ***Amen.***

Lectures propres à la solennité de l'Annonciation du Seigneur.

Lecture

du livre du prophète Isaïe (7, 10-14 ; 8, 10)

« Voici que la vierge concevra »

En ces jours-là, le Seigneur parla ainsi au roi Acaz : « Demande pour toi un signe de la part du Seigneur ton Dieu, au fond du séjour des morts ou sur les sommets, là-haut. » Acaz répondit : « Non, je n'en demanderai pas, je ne mettrai pas le Seigneur à l'épreuve. » Isaïe dit alors : « Écoutez, maison de David ! Il ne vous suffit donc pas de fatiguer les hommes : il faut encore que vous fatiguiez mon Dieu ! C'est pourquoi le

Seigneur lui-même vous donnera un signe : Voici que la vierge est enceinte, elle enfantera un fils, qu'elle appellera Emmanuel, car Dieu est avec nous*. »
– Parole du Seigneur.

Psaume 39 (40)

℟ ***Me voici, Seigneur, je viens faire ta volonté.***

Tu ne voulais ni offrande ni sacrifice,
tu as ouvert mes oreilles ;
tu ne demandais ni holocauste ni victime,
alors j'ai dit : « Voici, je viens. ℟

« Dans le livre, est écrit pour moi
ce que tu veux que je fasse.
Mon Dieu, voilà ce que j'aime :
ta loi me tient aux entrailles. » ℟

J'annonce la justice
dans la grande assemblée ;
vois, je ne retiens pas mes lèvres,
Seigneur, tu le sais. ℟

Je n'ai pas enfoui ta justice au fond de mon cœur,
je n'ai pas caché ta fidélité, ton salut ;
j'ai dit ton amour et ta vérité
à la grande assemblée. ℟

Lecture

de la lettre aux Hébreux (10, 4-10)

« Me voici, je suis venu, mon Dieu, pour faire ta volonté, ainsi qu'il est écrit de moi dans le Livre »

Frères, il est impossible que du sang de taureaux et de boucs enlève les péchés. Aussi, en entrant dans le monde, le Christ dit : *Tu n'as voulu ni sacrifice ni offrande, mais tu m'as formé un corps. Tu n'as pas agréé*

les holocaustes ni les sacrifices pour le péché ; alors, j'ai dit : Me voici, je suis venu, mon Dieu, pour faire ta volonté, ainsi qu'il est écrit de moi dans le Livre. Le Christ commence donc par dire : *Tu n'as pas voulu ni agréé les sacrifices et les offrandes, les holocaustes et les sacrifices pour le péché,* ceux que la Loi prescrit d'offrir. Puis il déclare : *Me voici, je suis venu pour faire ta volonté.* Ainsi, il supprime le premier état de choses pour établir le second. Et c'est grâce à cette volonté que nous sommes sanctifiés, par l'offrande que Jésus Christ a faite de son corps, une fois pour toutes. – Parole du Seigneur.

Acclamation de l'Évangile

Alléluia. Alléluia. Le Verbe s'est fait chair, il a habité parmi nous et nous avons vu sa gloire. ***Alléluia.***

Évangile de Jésus Christ

selon saint Luc (1, 26-38)

« Voici que tu vas concevoir et enfanter un fils »

En ce temps-là, l'ange Gabriel fut envoyé par Dieu dans une ville de Galilée, appelée Nazareth, à une jeune fille vierge, accordée en mariage à un homme de la maison de David, appelé Joseph ; et le nom de la jeune fille était Marie. L'ange entra chez elle et dit : « Je te salue, Comblée-de-grâce, le Seigneur est avec toi. » À cette parole, elle fut toute bouleversée, et elle se demandait ce que pouvait signifier cette salutation. L'ange lui dit alors : « Sois sans crainte, Marie, car tu as trouvé grâce auprès de Dieu. Voici que tu vas concevoir et enfanter un fils ; tu lui donneras le nom de Jésus. Il sera grand, il sera appelé Fils du Très-Haut; le Seigneur Dieu lui donnera le trône de David son père; il régnera pour toujours sur la maison de Jacob, et son règne n'aura pas de fin. » Marie dit à l'ange : « Comment cela va-t-il se faire, puisque je ne connais pas d'homme ? » L'ange lui répondit : « L'Esprit Saint viendra sur toi, et la puissance du Très-Haut te prendra sous son ombre; c'est pourquoi celui qui va naître sera saint, il sera appelé Fils de Dieu. Or voici que, dans sa vieillesse, Élisabeth, ta parente, a conçu, elle aussi, un fils et en est à son sixième mois, alors qu'on l'appelait la femme stérile. Car rien n'est impossible à Dieu. » Marie dit alors : « Voici la servante du Seigneur; que tout m'advienne selon ta parole. » Alors l'ange la quitta.

Profession de foi *(p. 212)*

Prière sur les offrandes

Daigne accepter, Dieu tout-puissant, les dons offerts par ton Église : elle reconnaît son origine dans l'incarnation de ton Fils unique; en ce jour de fête, qu'elle trouve sa joie à célébrer les mystères du Christ. Lui qui… ***— Amen.***

Prière eucharistique

(Préface de l'Annonciation)

Vraiment, il est juste et bon, pour ta gloire et notre salut, de t'offrir notre action de grâce, toujours et en tout lieu, Seigneur, Père très saint, Dieu éternel et tout-puissant, par le Christ, notre Seigneur. C'est lui qui pour sauver les hommes devait naître

parmi les hommes, par la puissance de l'Esprit Saint qui couvrit Marie de son ombre ; c'est lui que le messager du ciel annonça à la Vierge, lui qu'elle accueillit dans la foi, lui qu'elle porta avec amour dans son corps immaculé. Il venait accomplir en vérité les promesses faites aux enfants d'Israël, combler, et même dépasser, l'espérance des nations. Par lui, les anges adorent ta majesté et se réjouissent en ta présence à jamais. À leur hymne de louange, laisse-nous joindre nos voix, pour chanter et proclamer :
Saint ! Saint ! Saint…

Antienne de la communion

Voici que la Vierge concevra,
et elle enfantera un fils ;
on lui donnera le nom d'Emmanuel.
(cf. Is 7, 14)

Prière après la communion

Nous t'en prions, Seigneur, affermis dans nos cœurs les mystères de la vraie foi ; puisque nous proclamons vrai Dieu et vrai homme celui qui a été conçu dans le sein de la Vierge, puissions-nous parvenir à la joie éternelle par la puissance de sa résurrection qui nous sauve. Lui qui… ***— Amen.***

INVITATION

En ce jour, je peux prier le chapelet de Lourdes en direct à 15 h 30 sur le site internet du sanctuaire de Lourdes ou en le suivant dans les médias.

COMMENTAIRE

Réponse claire Luc 1, 26-38

« Voici la servante du Seigneur ; que tout m'advienne selon ta parole. » Dès l'Annonciation et jusqu'à la Croix, la Vierge Marie nous a précédés sur le chemin de la confiance et de la foi. Comme elle, savoir répondre à l'appel inconditionnel de Dieu exige une réponse sans nuance, sans compromis, décidée et joyeuse. Le « Fiat » de Marie nous apprend chaque jour à accueillir l'inattendu de Dieu et à le laisser agir en nous. ■

Jean-Paul Musangania, *prêtre assomptionniste*

❊ CLÉ DE LECTURE

« Avec nous » Isaïe 8, 10 *(p. 64)*

Le nom de l'Enfant Roi, l'Emmanuel, « Dieu-avec-nous », sera celui de Jésus, réalisant de façon nouvelle et inouïe l'antique parole d'espérance du prophète Isaïe (vers 730 av. J.-C.). Mais l'expression « Dieu est avec nous » a été pervertie au cours de l'histoire quand des peuples et leurs chefs se sont emparés à leur profit du nom de Dieu ; le « Gott mit uns » a pu résonner de façon sinistre. Car nul ne peut mettre la main sur Dieu et se réclamer de lui pour mener une action de haine et de destruction, sans trahir ce qu'est Dieu, au-delà de tout, Dieu de bonté et de tendresse, d'amour et de miséricorde. Avec Jésus, son Fils, il est venu rejoindre notre humanité dans le secret et le silence, et tracer pour les humbles de cœurs un chemin de paix. ■

Roselyne Dupont-Roc, *bibliste*

MARDI 9 AVRIL 2024

2E SEMAINE DE PÂQUES COULEUR LITURGIQUE : BLANC

Temps pascal, *messe de la férie*

Antienne d'ouverture

Soyons dans la joie, exultons,
et rendons gloire à Dieu !
Il règne, le Seigneur notre Dieu,
le Souverain de l'univers, alléluia. (Ap 19, 7.6)

Prière

Dieu fort, nous t'en prions, fais-nous proclamer la puissance déployée dans la résurrection du Seigneur ; nous avons reçu les prémices de sa grâce : rends-nous capables d'en saisir la plénitude. Par Jésus… — ***Amen.***

Lecture

du livre des Actes des Apôtres (4, 32-37)

« Un seul cœur et une seule âme »

La multitude de ceux qui étaient devenus croyants avait un seul cœur et une seule âme ; et personne ne disait que ses biens lui appartenaient en propre, mais ils avaient tout en commun. C'est avec une grande puissance que les Apôtres rendaient témoignage de la résurrection du Seigneur Jésus, et une grâce abondante reposait sur eux tous. Aucun d'entre eux n'était dans l'indigence, car tous ceux qui étaient propriétaires

de domaines ou de maisons les vendaient, et ils apportaient le montant de la vente pour le déposer aux pieds des Apôtres ; puis on le distribuait en fonction des besoins de chacun. Il y avait un lévite originaire de Chypre, Joseph, surnommé Barnabé par les Apôtres, ce qui se traduit : « homme du réconfort ». Il vendit un champ qu'il possédait et en apporta l'argent qu'il déposa aux pieds des Apôtres.
– Parole du Seigneur.

Psaume 92 (93)

℟ ***Le Seigneur est roi ; il s'est vêtu de magnificence.***

OU

Alléluia !

Le Seigneur est roi ;
il s'est vêtu de magnificence,
le Seigneur a revêtu sa force. ℟

Et la terre tient bon, inébranlable ;
dès l'origine ton trône tient bon,
depuis toujours, tu es. ℟

Tes volontés sont vraiment immuables :
la sainteté emplit ta maison,
Seigneur, pour la suite des temps. ℟

Acclamation de l'Évangile

Alléluia. Alléluia. Il faut que le Fils de l'homme soit élevé, afin qu'en lui tout croyant ait la vie éternelle. ***Alléluia.***

Évangile de Jésus Christ
selon saint Jean (3, 7b-15)

« Nul n'est monté au ciel sinon celui qui est descendu du ciel, le Fils de l'homme »

En ce temps-là, Jésus disait à Nicodème : « Il vous faut naître d'en haut. Le vent souffle où il veut : tu entends sa voix, mais tu ne sais ni d'où il vient ni où il va. Il en est ainsi pour qui est né du souffle de l'Esprit. » Nicodème reprit : « Comment cela peut-il se faire ? » Jésus lui répondit : « Tu es un maître qui enseigne Israël et tu ne connais pas ces choses-là ? Amen, amen, je te le dis : nous parlons de ce que nous savons, nous témoignons de ce que nous avons vu, et vous ne recevez pas notre témoignage. Si vous ne croyez pas lorsque je vous parle des choses de la terre, comment croirez-vous quand je vous parlerai des choses du ciel ? Car nul n'est monté au ciel sinon celui qui est descendu du ciel, le Fils de l'homme. De même que le serpent de bronze fut élevé par Moïse dans le désert, ainsi faut-il que le Fils de l'homme soit élevé, afin qu'en lui tout homme qui croit ait la vie éternelle. »

Prière sur les offrandes
Donne-nous, Seigneur, nous t'en prions, de toujours te rendre grâce par ces mystères de Pâques; qu'ils continuent l'œuvre de notre relèvement et deviennent pour nous une source intarissable de joie. Par le Christ, notre Seigneur. — ***Amen.***

Préface du temps pascal, p. 215.

Antienne de la communion

Il fallait que le Christ connaisse la souffrance et ressuscite d'entre les morts pour entrer dans sa gloire, alléluia.
(cf. Lc 24, 46.26)

Prière après la communion

Écoute nos prières, Seigneur : que cet échange très saint où l'homme est racheté nous soutienne durant la vie présente et nous procure les joies éternelles. Par le Christ, notre Seigneur.
— Amen.

INVITATION

Le parcours du vent est mystérieux : on ne sait ni d'où il vient ni où il va...
Jésus, même sans savoir où tu me mènes, je m'abandonne à ta volonté !

COMMENTAIRE

Un appel multiforme

Jean 3, 7b-15

Jésus invite Nicodème à renaître d'en haut. Dans notre vie et dans l'histoire des peuples, Dieu lance des appels. À nous de les entendre. Il s'invite chez nous, non pas pour nous juger, mais pour nous ouvrir à la vérité de notre propre vie. L'appel du Seigneur peut prendre divers visages, celui d'un ami, d'une épouse, d'un mari, et, plus intimement encore, cet appel peut être une parole intérieure à travers laquelle notre vie prend sens. ■

Jean-Paul Musangania, prêtre assomptionniste

MERCREDI 10 AVRIL 2024

2E SEMAINE DE PÂQUES COULEUR LITURGIQUE : BLANC

Temps pascal, *messe de la férie*

Antienne d'ouverture

Je te rendrai grâce parmi les peuples, Seigneur;
je proclamerai ton nom devant mes frères, alléluia. (cf. Ps 17, 50; 21, 23)

Prière

Chaque année, Seigneur, tu nous fais revivre le mystère pascal où la nature humaine, renouvelée dans sa dignité originelle, reçoit l'espérance de la résurrection; nous implorons humblement ta bonté : donne-nous de toujours accueillir avec amour ce que nous célébrons dans la foi. Par Jésus… ***— Amen.***

Lecture

du livre des Actes des Apôtres (5, 17-26)

« Les hommes que vous aviez mis en prison, voilà qu'ils se tiennent dans le Temple et enseignent le peuple ! »

En ces jours-là, intervint le grand prêtre, ainsi que tout son entourage, c'est-à-dire le groupe des sadducéens, qui étaient remplis d'une ardeur jalouse pour la Loi. Ils mirent la main sur les Apôtres et les placèrent publiquement sous bonne garde. Mais, pendant la nuit, l'ange du Seigneur ouvrit les portes de la prison et les fit sortir. Il leur dit : « Partez, tenez-vous dans le Temple et là, dites au peuple toutes ces paroles de vie. » Ils

l'écoutèrent ; dès l'aurore, ils entrèrent dans le Temple, et là, ils enseignaient. Alors arriva le grand prêtre, ainsi que son entourage. Ils convoquèrent le Conseil suprême, toute l'assemblée des anciens d'Israël, et ils envoyèrent chercher les Apôtres dans leur cachot. En arrivant, les gardes ne les trouvèrent pas à la prison. Ils revinrent donc annoncer : « Nous avons trouvé le cachot parfaitement verrouillé, et les gardes en faction devant les portes ; mais, quand nous avons ouvert, nous n'avons trouvé personne à l'intérieur. » Ayant entendu ce rapport, le commandant du Temple et les grands prêtres, tout perplexes, se demandaient ce qu'il adviendrait de cette affaire. Là-dessus, quelqu'un vient leur annoncer : « Les hommes que vous aviez mis en prison, voilà qu'ils se tiennent dans le Temple et enseignent le peuple ! » Alors, le commandant partit avec son escorte pour les ramener, mais sans violence, parce qu'ils avaient peur d'être lapidés par le peuple.

– Parole du Seigneur.

Psaume 33 (34)

℟ ***Un pauvre crie ; le Seigneur entend.***
OU ***Alléluia !***

Je bénirai le Seigneur en tout temps,
sa louange sans cesse à mes lèvres.
Je me glorifierai dans le Seigneur :
que les pauvres m'entendent
et soient en fête ! ℟

Magnifiez avec moi le Seigneur,
exaltons tous ensemble son nom.
Je cherche le Seigneur, il me répond :
de toutes mes frayeurs,
il me délivre. ℟

Qui regarde vers lui resplendira,
sans ombre ni trouble au visage.
Un pauvre crie ; le Seigneur entend :
il le sauve de toutes ses angoisses. ℟

L'ange du Seigneur campe à l'entour
pour libérer ceux qui le craignent.
Goûtez et voyez : le Seigneur est bon !
Heureux qui trouve en lui son refuge ! ℟

Acclamation de l'Évangile

Alléluia. Alléluia. Dieu a tellement aimé le monde qu'il a donné son Fils unique, afin que ceux qui croient en Lui aient la vie éternelle. ***Alléluia.***

Évangile de Jésus Christ

selon saint Jean (3, 16-21)

« Dieu a envoyé son Fils dans le monde, pour que, par lui, le monde soit sauvé »

« Dieu a tellement aimé le monde qu'il a donné son Fils unique, afin que quiconque croit en lui ne se perde pas, mais obtienne la vie éternelle. Car Dieu a envoyé son Fils dans le monde, non pas pour juger* le monde, mais pour que, par lui, le monde soit sauvé. Celui qui croit en lui échappe au Jugement ; celui qui ne croit pas est déjà jugé, du fait qu'il n'a pas cru au nom du Fils unique de Dieu. Et le Jugement, le voici : la lumière est venue dans le monde, et les hommes ont préféré les ténèbres à la lumière, parce que leurs œuvres étaient mauvaises. Celui qui fait le mal déteste la lumière : il ne vient pas à la lumière, de peur que ses œuvres ne soient dénoncées ; mais celui qui fait la vérité vient à la lumière, pour qu'il soit manifeste que ses œuvres ont été accomplies en union avec Dieu. »

Prière sur les offrandes

Seigneur notre Dieu, dans l'admirable échange du sacrifice eucharistique, tu nous fais participer à ton unique et souveraine divinité ; nous avons reçu la connaissance de ta vérité : accorde-nous de lui être fidèles par toute notre vie. Par le Christ, notre Seigneur. — ***Amen.***

Préface du temps pascal, p. 215.

Antienne de la communion

Je vous ai choisis en vous prenant
dans le monde, dit le Seigneur,
afin que vous alliez, que vous portiez
du fruit, et que votre fruit demeure,
alléluia.
(Jn 15, 19.16)

Prière après la communion

Dans ta bienveillance, reste auprès de ton peuple, nous t'en prions, Seigneur ; puisque tu l'as initié aux sacrements du ciel, fais-le passer de ce qui est ancien à la vie nouvelle. Par le Christ, notre Seigneur. — ***Amen.***

INVITATION

« Celui qui fait la vérité vient à la lumière » : que mes actes, Seigneur, soient témoignage pour ceux qui m'entourent.

COMMENTAIRE

Croire est un don de Dieu Jean 3, 16-21

Loin d'être un simple acte ponctuel, croire est un cadeau, un don que le Seigneur nous offre. Lorsque nous l'accueillons, ce don engage toute notre personne. Il nous accompagne même dans le creux des vagues de la guerre ou de la dépression. Le pape François compare l'Église à un hôpital de campagne après la bataille. Comment la foi chemine-t-elle en nous au gré des joies et des épreuves ? ■

***Jean-Paul Musangania**, prêtre assomptionniste*

✲ CLÉ DE LECTURE

« Non pas pour juger » Jean 3, 17 *(p. 75)*

Ces mots résonnent en nous : « Dieu a tellement aimé le monde » ! Contre toutes les horreurs, tout ce qui nous conduit à condamner l'humanité, l'évangéliste proclame la certitude d'un amour sans limite manifesté en Jésus. Pourtant, la question du jugement reste posée comme une nécessité que nous ne pouvons exclure : Dieu ne peut accepter le mal. Mais le vocabulaire grec du « jugement » (« krinô », « krisis ») qui dit la séparation, le tri, ne convient pas. Le texte l'affirme : « non pas pour juger le monde », car Dieu n'exclut ni ne trie. Ce sont les êtres humains qui refusent et se séparent. Paul le dira autrement, substituant au vocabulaire du jugement celui de la « justice » de Dieu, qui est, dans le Christ, offre de pardon et de réconciliation pour tous. ■

***Roselyne Dupont-Roc**, bibliste*

JEUDI 11 AVRIL 2024

2E SEMAINE DE PÂQUES COULEUR LITURGIQUE : BLANC

Saint Stanislas

XIe siècle. L'un des saints les plus chers au cœur des Polonais. Évêque de Cracovie, il excommunia le roi Boleslas II pour son inconduite. Celui-ci se vengea en l'assassinant en pleine messe.

Antienne d'ouverture

Une lumière sans déclin brillera pour tes martyrs, Seigneur ;
ils vivront éternellement, alléluia. (cf. 4 Esd 2, 35)

OU

Voici l'homme qui n'a pas été abandonné par Dieu
au jour du combat ; il est maintenant couronné,
victorieux par sa fidélité aux commandements du Seigneur, alléluia.

Prière

Seigneur Dieu, pour l'honneur de ton nom, l'évêque saint Stanislas est tombé sous les coups de ses persécuteurs ; accorde-nous la force de persévérer jusqu'à la mort, fermes dans la foi. Par Jésus… — ***Amen.***

Lecture

du livre des Actes des Apôtres (5, 27-33)

« Nous sommes les témoins de tout cela, avec l'Esprit Saint »

En ces jours-là, le commandant du Temple et son escorte, ayant amené les Apôtres, les présentèrent au Conseil suprême, et le grand prêtre les interrogea : « Nous vous avions formellement interdit d'enseigner

au nom de celui-là, et voilà que vous remplissez Jérusalem de votre enseignement. Vous voulez donc faire retomber sur nous le sang de cet homme ! » En réponse, Pierre et les Apôtres déclarèrent : « Il faut obéir à Dieu plutôt qu'aux hommes. Le Dieu de nos pères a ressuscité Jésus, que vous aviez exécuté en le suspendant au bois du supplice. C'est lui que Dieu, par sa main droite, a élevé, en faisant de lui le Prince et le Sauveur, pour accorder à Israël la conversion et le pardon des péchés. Quant à nous, nous sommes les témoins de tout cela, avec l'Esprit Saint, que Dieu a donné à ceux qui lui obéissent. » Ceux qui les avaient entendus étaient exaspérés et projetaient de les supprimer.
– Parole du Seigneur.

Psaume 33 (34)

℟ ***Un pauvre crie ; le Seigneur entend.***
*OU **Alléluia !***

Je bénirai le Seigneur en tout temps,
sa louange sans cesse à mes lèvres.
Goûtez et voyez : le Seigneur est bon !
Heureux qui trouve en lui son refuge ! ℟

Le Seigneur affronte les méchants
pour effacer de la terre leur mémoire.
Le Seigneur entend ceux qui l'appellent :
de toutes leurs angoisses, il les délivre. ℟

Il est proche du cœur brisé,
il sauve l'esprit abattu.
Malheur sur malheur pour le juste,
mais le Seigneur chaque fois le délivre. ℟

Acclamation de l'Évangile

Alléluia. Alléluia. Thomas, parce que tu m'as vu tu crois, dit le Seigneur. Heureux ceux qui croient sans avoir vu. ***Alléluia.***

Évangile de Jésus Christ

selon saint Jean (3, 31-36)

« Le Père aime le Fils et il a tout remis dans sa main »

« Celui qui vient d'en haut est au-dessus de tous. Celui qui est de la terre est terrestre, et il parle de façon terrestre. Celui qui vient du ciel est au-dessus de tous, il témoigne de ce qu'il a vu et entendu, et personne ne reçoit son témoignage. Mais celui qui reçoit son témoignage certifie par là que Dieu est vrai. En effet, celui que Dieu a envoyé dit les paroles de Dieu, car Dieu lui donne l'Esprit sans mesure. Le Père aime le Fils et il a tout remis dans sa main. Celui qui croit au Fils a la vie éternelle ; celui qui refuse de croire le Fils ne verra pas la vie, mais la colère de Dieu demeure sur lui. »

Prière sur les offrandes

Accueille, Seigneur, ce sacrifice de réconciliation et de louange en la mémoire du saint martyr Stanislas ; nous te le présentons, Dieu de majesté, pour qu'il nous obtienne le pardon, et nous garde toujours dans l'action de grâce. Par le Christ notre Seigneur. ***— Amen.***

Préface du temps pascal, p. 215.

Antienne de la communion

Vraiment, dit le Seigneur, si le grain de blé tombé en terre ne meurt pas, il reste seul ; mais s'il meurt, il donne beaucoup de fruit, alléluia. (Jn 12, 24)

OU

Il en coûte au Seigneur de voir mourir les siens, alléluia. Elle a du prix aux yeux du Seigneur, la mort de ses amis les saints, alléluia. (Ps 115, 15)

Prière après la communion

Dans la joie de ce jour de fête, nous avons reçu de toi, Seigneur, le don du ciel et nous te supplions : puisque, dans ce banquet divin, nous annonçons la mort de ton Fils, fais-nous participer avec les saints martyrs à sa résurrection et à sa gloire. Lui qui… — ***Amen.***

INVITATION

Saint Stanislas glorifia Dieu durant toute sa vie.
Aujourd'hui et à jamais, gloire à toi, Seigneur !

COMMENTAIRE

Témoins à chaque instant Actes 5, 27-33

Après la Résurrection, les Apôtres sont malmenés par des arrestations successives doublées d'interrogatoires éprouvants. On a pensé supprimer Jésus, mais sa présence se prolonge désormais à travers le témoignage de ses disciples. Accueillons le témoignage des Apôtres. Pour eux, aucune situation, même la plus défavorable, ne nous dispense de témoigner de l'Évangile. Sommes-nous prompts à obéir à Dieu plutôt qu'aux hommes ? ■

***Jean-Paul Musangania,** prêtre assomptionniste*

VENDREDI 12 AVRIL 2024

2E SEMAINE DE PÂQUES COULEUR LITURGIQUE : BLANC

Temps pascal, *messe de la férie*

Antienne d'ouverture

Tu nous as rachetés par ton sang, Seigneur,
de toute tribu, langue, peuple et nation : tu as fait de nous
pour notre Dieu un royaume et des prêtres, alléluia. (cf. Ap 5, 9-10)

Prière

Seigneur Dieu, espérance et lumière des cœurs droits, nous t'en supplions humblement : accorde-nous de t'offrir une prière digne de toi et de toujours te glorifier par le service de la louange. Par Jésus… ***— Amen.***

Lecture

du livre des Actes des Apôtres (5, 34-42)

« Ils repartaient tout joyeux d'avoir été jugés dignes de subir des humiliations pour le nom de Jésus »

En ces jours-là, comme les Apôtres étaient en train de comparaître devant le Conseil suprême, intervint un pharisien nommé Gamaliel, docteur de la Loi, qui était honoré par tout le peuple. Il ordonna de les faire sortir un instant, puis il dit : « Vous, Israélites, prenez garde à ce que vous allez faire à ces gens-là. Il y a un certain temps, se leva Theudas qui prétendait être quelqu'un, et à qui se rallièrent quatre cents hommes

environ ; il a été supprimé, et tous ses partisans ont été mis en déroute et réduits à rien. Après lui, à l'époque du recensement, se leva Judas le Galiléen qui a entraîné beaucoup de monde derrière lui. Il a péri lui aussi, et tous ses partisans ont été dispersés. Eh bien, dans la circonstance présente, je vous le dis : ne vous occupez plus de ces gens-là, laissez-les. En effet, si leur résolution ou leur entreprise vient des hommes, elle tombera. Mais si elle vient de Dieu, vous ne pourrez pas les faire tomber. Ne risquez donc pas de vous trouver en guerre contre Dieu. » Les membres du Conseil se laissèrent convaincre ; ils rappelèrent alors les Apôtres et, après les avoir fait fouetter, ils leur interdirent de parler au nom de Jésus, puis ils les relâchèrent. Quant à eux, quittant le Conseil suprême, ils repartaient tout joyeux d'avoir été jugés dignes de subir des humiliations pour le nom de Jésus. Tous les jours, au Temple et dans leurs maisons, sans cesse, ils enseignaient et annonçaient la Bonne Nouvelle : le Christ, c'est Jésus.

– Parole du Seigneur.

Psaume 26 (27)

℟ ***J'ai demandé une chose au Seigneur : habiter sa maison.***
OU ***Alléluia !***

Le Seigneur est ma lumière et mon salut ;
de qui aurais-je crainte ?
Le Seigneur est le rempart de ma vie ;
devant qui tremblerais-je ? ℟

J'ai demandé une chose au Seigneur,
la seule que je cherche :
habiter la maison du Seigneur
tous les jours de ma vie,

pour admirer le Seigneur dans sa beauté
et m'attacher à son temple. ℟

J'en suis sûr, je verrai les bontés du Seigneur
sur la terre des vivants.

« Espère le Seigneur,
sois fort et prends courage ;
espère le Seigneur. » ℟

Acclamation de l'Évangile

Alléluia. Alléluia. L'homme ne vit pas seulement de pain, mais de toute parole qui sort de la bouche de Dieu. ***Alléluia.***

Évangile de Jésus Christ

selon saint Jean (6, 1-15)

« Il en distribua aux convives, autant qu'ils en voulaient »

En ce temps-là, Jésus passa de l'autre côté de la mer de Galilée, le lac de Tibériade. Une grande foule le suivait, parce qu'elle avait vu les signes qu'il accomplissait sur les malades. Jésus gravit la montagne, et là, il était assis avec ses disciples. Or, la Pâque, la fête des Juifs, était proche. Jésus leva les yeux et vit qu'une foule nombreuse venait à lui. Il dit à Philippe : « Où pourrions-nous acheter du pain pour qu'ils aient à manger ? » Il disait cela pour le mettre à l'épreuve, car il savait bien, lui, ce qu'il allait faire. Philippe lui répondit : « Le salaire de deux cents journées ne suffirait pas pour que chacun reçoive un peu de pain. » Un de ses disciples, André, le frère de Simon-Pierre, lui dit : « Il y a là un jeune garçon qui a cinq pains d'orge et deux poissons, mais qu'est-ce que cela pour tant de monde ! »

Jésus dit : « Faites asseoir les gens. » Il y avait beaucoup d'herbe à cet endroit. Ils s'assirent donc, au nombre d'environ cinq mille hommes. Alors Jésus prit les pains et, après avoir rendu grâce, il les distribua aux convives ; il leur donna aussi du poisson, autant qu'ils en voulaient. Quand ils eurent mangé à leur faim, il dit à ses disciples : « Rassemblez les morceaux en surplus, pour que rien ne se perde. » Ils les rassemblèrent, et ils remplirent douze paniers avec les morceaux des cinq pains d'orge, restés en surplus pour ceux qui prenaient cette nourriture.
À la vue du signe que Jésus avait accompli, les gens disaient : « C'est vraiment lui le Prophète annoncé, celui qui vient dans le monde. » Mais Jésus savait qu'ils allaient venir l'enlever pour faire de lui leur roi ; alors de nouveau il se retira dans la montagne, lui seul.

Prière sur les offrandes

Reçois avec bonté les offrandes de ta famille, nous t'en prions, Seigneur, garde-la sous ta protection : qu'elle ne perde aucun des bienfaits déjà reçus, et parvienne aux dons éternels. Par le Christ, notre Seigneur. — ***Amen.***

Préface du temps pascal, p. 215.

Antienne de la communion

Le Christ, notre Seigneur,
livré pour nos fautes,
est ressuscité pour nous rendre justes,
alléluia. (cf. Rm 4, 25)

Prière après la communion
Nous t'en prions, Seigneur, ne cesse pas de protéger avec tendresse ceux que tu as sauvés : la passion de ton Fils les a rachetés, qu'ils trouvent leur joie dans sa résurrection. Lui qui…
— Amen.

INVITATION

En me joignant au psalmiste, au cœur de ce que je vis je peux répéter plusieurs fois « Le Seigneur est ma lumière et mon salut ».

COMMENTAIRE

Résultat exponentiel Jean 6, 1-15

Avec ce qui nous semble dérisoire, Jésus nourrit environ cinq mille personnes. Ils sont nombreux ceux et celles qui ont faim autour de nous : faim d'être reconnus, faim d'être aimés… Pour que le miracle se produise, un simple sourire bienveillant, le partage du peu que nous avons et du peu que nous sommes peuvent produire des effets exponentiels dans leurs vies, au-delà de ce que nous pouvons imaginer. ■

***Jean-Paul Musangania**, prêtre assomptionniste*

SAMEDI 13 AVRIL 2024

2E SEMAINE DE PÂQUES COULEUR LITURGIQUE : BLANC

Temps pascal, *messe de la férie*
ou **saint Martin Ier**

7 - 13

Antienne d'ouverture

Peuple racheté par Dieu, vous tous, annoncez les merveilles de celui qui vous a appelés des ténèbres à son admirable lumière, alléluia. (cf. 1 P 2, 9)

Prière

Seigneur, efface le billet de la dette résultant de la loi du péché, puisque tu l'as annulé pour nous dans le mystère pascal par la résurrection du Christ ton Fils. Lui qui… ***— Amen.***

OU

Seigneur Dieu, par les mystères de Pâques, tu as voulu ouvrir à tes fidèles la porte de la miséricorde ; regarde-nous et prends pitié de nous, afin qu'en suivant par ta grâce le chemin de ta volonté, nous n'abandonnions jamais les sentiers de la vie. Par Jésus… ***— Amen.***

Lecture

du livre des Actes des Apôtres (6, 1-7)

Ils choisirent sept hommes remplis d'Esprit Saint

En ces jours-là, comme le nombre des disciples augmentait, les frères de langue grecque récriminèrent contre ceux de langue hébraïque, parce que les veuves de leur groupe étaient désavantagées dans le service

quotidien. Les Douze convoquèrent alors l'ensemble des disciples et leur dirent : « Il n'est pas bon que nous délaissions la parole de Dieu pour servir aux tables. Cherchez plutôt, frères, sept d'entre vous, des hommes qui soient estimés de tous, remplis d'Esprit Saint et de sagesse, et nous les établirons dans cette charge. En ce qui nous concerne, nous resterons assidus à la prière et au service de la Parole. » Ces propos plurent à tout le monde, et l'on choisit : Étienne, homme rempli de foi et d'Esprit Saint, Philippe, Procore, Nicanor, Timon, Parménas et Nicolas, un converti au judaïsme, originaire d'Antioche. On les présenta aux Apôtres, et après avoir prié, ils leur imposèrent les mains. La parole de Dieu était féconde, le nombre des disciples se multipliait fortement à Jérusalem, et une grande foule de prêtres juifs parvenaient à l'obéissance de la foi. – Parole du Seigneur.

Psaume 32 (33)

℟ ***Que ton amour, Seigneur, soit sur nous comme notre espoir est en toi.***
OU ***Alléluia !***

Criez de joie pour le Seigneur, hommes justes !
Hommes droits, à vous la louange !
Rendez grâce au Seigneur sur la cithare,
jouez pour lui sur la harpe à dix cordes. ℟

Oui, elle est droite, la parole du Seigneur ;
il est fidèle en tout ce qu'il fait.
Il aime le bon droit et la justice ;
la terre est remplie de son amour. ℟

Dieu veille sur ceux qui le craignent,
qui mettent leur espoir en son amour,
pour les délivrer de la mort,
les garder en vie aux jours de famine. ℟

Acclamation de l'Évangile

Alléluia. Alléluia. Le Christ est ressuscité, lui qui a tout créé ; il a pris en pitié le genre humain. ***Alléluia.***

Évangile de Jésus Christ

selon saint Jean (6, 16-21)

« Ils virent Jésus qui marchait sur la mer »

Le soir venu, les disciples de Jésus descendirent jusqu'à la mer. Ils s'embarquèrent pour gagner Capharnaüm, sur l'autre rive. C'était déjà les ténèbres, et Jésus n'avait pas encore rejoint les disciples. Un grand vent soufflait, et la mer était agitée. Les disciples avaient ramé sur une distance de vingt-cinq ou trente stades (c'est-à-dire environ cinq mille mètres), lorsqu'ils virent Jésus qui marchait sur la mer et se rapprochait de la barque. Alors, ils furent saisis de peur. Mais il leur dit : « C'est moi. N'ayez plus peur. » Les disciples voulaient le prendre dans la barque ; aussitôt, la barque toucha terre là où ils se rendaient.

Prière sur les offrandes

Dans ta bonté, sanctifie ces dons, nous t'en prions, Seigneur ; accepte le sacrifice spirituel que nous t'offrons, et fais de nous-mêmes une éternelle offrande pour toi. Par le Christ, notre Seigneur. ***— Amen.***

Préface du temps pascal, p. 215.

Antienne de la communion

Père, ceux que tu m'as donnés,
je veux que là où je suis,
ils soient eux aussi avec moi,
et qu'ils contemplent ma gloire,
celle que tu m'as donnée, alléluia.
(Jn 17, 24)

Prière après la communion

Seigneur, nous avons reçu les dons qui nous ont fait participer aux saints mystères, et nous te supplions humblement : ton Fils nous a demandé de les célébrer en mémoire de lui, qu'ils augmentent en nous la charité. Par le Christ, notre Seigneur. **— *Amen.***

INVITATION

Quelles sont mes peurs en ce jour ? Quelles qu'elles soient,
je les dépose au Seigneur dans ma prière.

COMMENTAIRE

« C'est moi. N'ayez plus peur. » Jean 6, 16-21

La peur est un sentiment destructeur qui suscite la fuite, affaiblit et paralyse. Au creux de l'adversité, Jésus est le chemin sur lequel nous pouvons nous laisser guider. Le Christ trace une voie de lumière conduisant à notre Père de tendresse et de pitié. Laissons-nous toucher par ses paroles, non pas seulement celles apprises pendant la catéchèse, mais accueillies au fond de notre cœur. ■

***Jean-Paul Musangania**, prêtre assomptionniste*

DIMANCHE 14 AVRIL 2024

3E DIMANCHE DE PÂQUES

ANNÉE B – COULEUR LITURGIQUE : BLANC

« Alors il ouvrit leur intelligence à la compréhension des Écritures. » Luc 24, 45

La paix soit avec vous ! En ce temps pascal, les textes nous invitent à accueillir la paix du Ressuscité, clé de toute l'espérance de l'homme et du cosmos. Après sa résurrection, au bord du lac, Jésus a mangé avec ses amis. Soyons les témoins du réalisme de la Résurrection, elle concerne les hommes et les femmes du monde entier.

RITES INITIAUX

Chant d'entrée *(Suggestions p. 239)*
OU
Antienne d'ouverture
Acclamez Dieu, toute la terre ; fêtez la gloire de son nom,
glorifiez-le en célébrant sa louange, alléluia.
(Ps 65, 1-2)

Suggestion de préparation pénitentielle *(ou p. 208)*
En ce dimanche du temps pascal, à l'invitation de l'auteur des Actes des Apôtres, tournons-nous vers Dieu et reconnaissons que nous sommes pécheurs.

Seigneur Jésus, toi notre défenseur auprès du Père, toi le Juste. Kyrie, eleison.
— Kyrie, eleison.
Ô Christ, toi le Ressuscité, tu nous fais la grâce du pardon. Christe, eleison.
— Christe, eleison.
Seigneur, toi le Prince de la vie, tu ouvres notre intelligence aux Écritures. Kyrie, eleison.
— Kyrie, eleison.

Que Dieu tout-puissant nous fasse miséricorde ; qu'il nous pardonne nos péchés et nous conduise à la vie éternelle. ***— Amen.***

Gloire à Dieu (p. 211)

Prière
Garde à ton peuple sa joie, Seigneur Dieu, car tu renouvelles la jeunesse de son âme ; il se réjouit d'avoir retrouvé la gloire de l'adoption filiale : qu'il attende désormais le jour de la résurrection, dans la ferme espérance du bonheur que tu donnes. Par Jésus… **— *Amen.***

LITURGIE DE LA PAROLE

Lecture du livre des Actes des Apôtres (3, 13-15.17-19)

« Vous avez tué le Prince de la vie,
lui que Dieu a ressuscité d'entre les morts »

En ces jours-là, devant le peuple, Pierre prit la parole : « Hommes d'Israël, le Dieu d'Abraham, d'Isaac et de Jacob, le Dieu de nos pères, a glorifié son serviteur Jésus, alors que vous, vous l'aviez livré, vous l'aviez renié en présence de Pilate qui était décidé à le relâcher. Vous avez renié le Saint et le Juste, et vous avez demandé qu'on vous accorde la grâce d'un meurtrier. Vous avez tué le Prince de la vie, lui que Dieu a ressuscité d'entre les morts, nous en sommes témoins. D'ailleurs, frères, je sais bien que vous avez agi dans l'ignorance, vous et vos chefs. Mais Dieu a ainsi accompli ce qu'il avait d'avance annoncé par la bouche de tous les prophètes : que le Christ, son Messie, souffrirait.

Convertissez-vous donc et tournez-vous vers Dieu pour que vos péchés soient effacés. » – Parole du Seigneur.

Psaume 4

℟ ***Sur nous, Seigneur, que s'illumine ton visage !***
OU ***Alléluia !***

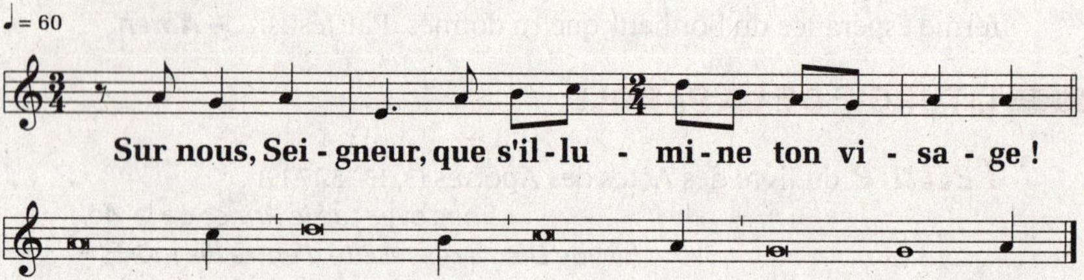

T. : AELF ; M. : T. Ospital ; Éd. : ADF.

Quand je crie, réponds-moi,
Dieu, ma justice !
Toi qui me libères dans la détresse,
pitié pour moi, écoute ma prière ! ℟

Retrouvez ce psaume sur le CD "Les psaumes de l'année B"

Sachez que le Seigneur a mis à part son fidèle,
le Seigneur entend quand je crie vers lui.
Beaucoup demandent : « Qui nous fera voir le bonheur ? »
Sur nous, Seigneur, que s'illumine ton visage ! ℟

Dans la p<u>a</u>ix moi aussi,
je me co<u>u</u>che et je dors,
car tu me donnes d'habit<u>e</u>r, Seigneur,
se<u>u</u>l, dans la confiance. ℟

Lecture de la première lettre de saint Jean (2, 1-5a)

« C'est lui qui obtient le pardon de nos péchés et de ceux du monde entier »

Mes petits enfants, je vous écris cela pour que vous évitiez le péché. Mais si l'un de nous vient à pécher, nous avons un défenseur devant le Père : Jésus Christ, le Juste. C'est lui qui, par son sacrifice, obtient le pardon de nos péchés, non seulement des nôtres, mais encore de ceux du monde entier. Voici comment nous savons que nous le connaissons : si nous gardons ses commandements. Celui qui dit : « Je le connais », et qui ne garde pas ses commandements, est un menteur : la vérité n'est pas en lui. Mais en celui qui garde sa parole, l'amour de Dieu atteint vraiment la perfection.

– Parole du Seigneur.

Acclamation de l'Évangile

Alléluia. Alléluia. Seigneur Jésus, ouvre-nous les Écritures ! Que notre cœur devienne brûlant tandis que tu nous parles. ***Alléluia.***

T. : AELF ; M. : P. Robert.

Évangile de Jésus Christ selon saint Luc (24, 35-48)

« Ainsi est-il écrit que le Christ souffrirait,
qu'il ressusciterait d'entre les morts le troisième jour »

En ce temps-là, les disciples qui rentraient d'Emmaüs racontaient aux onze Apôtres et à leurs compagnons ce qui s'était passé sur la route, et comment le Seigneur s'était fait reconnaître par eux à la fraction du pain. Comme ils en parlaient encore, lui-même fut présent au milieu d'eux, et leur dit : « La paix soit avec vous ! »

Saisis de frayeur et de crainte, ils croyaient voir un esprit. Jésus leur dit : « Pourquoi êtes-vous bouleversés ? Et pourquoi ces pensées qui surgissent dans votre cœur ? Voyez mes mains et mes pieds : c'est bien moi ! Touchez-moi, regardez : un esprit n'a pas de chair ni d'os comme vous constatez que j'en ai. » Après cette parole, il leur montra ses mains et ses pieds. Dans leur joie, ils n'osaient pas encore y croire, et restaient saisis d'étonnement. Jésus leur dit : « Avez-vous ici quelque chose à manger ? » Ils lui présentèrent une part de poisson grillé qu'il prit et mangea devant eux. Puis il leur déclara : « Voici les paroles que je vous ai dites quand j'étais encore avec vous : "Il faut que s'accomplisse tout ce qui a été écrit à mon sujet dans la loi de Moïse, les Prophètes et les Psaumes." » Alors il ouvrit leur intelligence à la compréhension des Écritures. Il leur dit : « Ainsi est-il écrit que le Christ souffrirait, qu'il ressusciterait d'entre les morts le troisième jour, et que la conversion serait proclamée en son nom, pour le pardon des péchés, à toutes les nations, en commençant par Jérusalem. À vous d'en être les témoins. »

Homélie

Profession de foi (p. 212)

Suggestion de prière universelle

Le prêtre :

Dans la joie de Pâques, présentons au Christ nos prières pour tous les hommes et toutes les femmes.

℟ ***Christ ressuscité, exauce-nous.***

Bayard Liturgie; M. : M. Wackenheim.

Le diacre ou un lecteur :

Avec l'Église universelle, pensons aux femmes victimes de discriminations : que cessent ces violences perpétrées dans différentes parties du monde, en particulier en Iran. Ensemble, prions le Christ Jésus. ℟

Pour les pasteurs, les exégètes, les théologiennes et les théologiens : qu'ils contribuent à ouvrir l'intelligence des baptisés à la compréhension des Écritures. Ensemble, prions le Christ Jésus. ℟

Pour les décideurs, les chefs d'État, les influenceurs : qu'ils désirent vraiment la paix pour tous et fassent ce qui est en leur pouvoir pour la faire advenir. Ensemble, prions le Christ Jésus. ℟

Pour les personnes vivant en marge de nos sociétés : qu'elles soient réconfortées par l'espérance, la paix et la joie de Jésus le Ressuscité. Ensemble, prions le Christ Jésus. ℟

(Ces intentions seront adaptées ou modifiées selon les circonstances.)

Le prêtre : Reste avec nous Seigneur Jésus, accueille toutes nos prières, et romps pour nous le pain de l'eucharistie, toi qui vis et règnes pour les siècles des siècles. ***— Amen.***

LITURGIE EUCHARISTIQUE

Prière sur les offrandes

Accueille, nous t'en prions, Seigneur, les dons de ton Église en fête ; tu es pour elle à l'origine d'un si grand bonheur : qu'il s'épanouisse en joie éternelle. Par le Christ, notre Seigneur. ***— Amen.***

Prière eucharistique *(Préface du temps pascal, p. 215)*

Chant de communion *(Suggestions p. 239)*

OU

Antienne de la communion

Il fallait que le Christ connaisse la souffrance,
qu'il ressuscite d'entre les morts le troisième jour,
et que la conversion soit proclamée en son nom, pour le pardon
des péchés, à toutes les nations, alléluia. (Lc 24, 46-47)

Prière après la communion

Regarde avec bonté, Seigneur, nous t'en prions, le peuple que tu as rénové par tes sacrements; accorde-nous de parvenir à la vie incorruptible lorsque notre chair ressuscitera dans la gloire. Par le Christ, notre Seigneur. — ***Amen.***

RITE DE CONCLUSION

Bénédiction solennelle

En ressuscitant son Fils unique, Dieu vous a accordé le bienfait de la rédemption, il a fait de vous ses enfants : qu'il vous donne la joie de sa bénédiction.

— ***Amen.***

Du Rédempteur, vous avez reçu d'être libres à jamais : qu'il vous accorde aussi d'avoir part à l'héritage éternel.

— ***Amen.***

Par la foi au Christ, dans le baptême vous êtes déjà ressuscités; par la droiture de votre vie présente, puissiez-vous mériter de lui être unis dans la patrie du ciel.

— ***Amen.***

Et que la bénédiction de Dieu tout-puissant, le Père, et le Fils, ✠ et le Saint-Esprit, descende sur vous et y demeure toujours. — ***Amen.***

Envoi

COMMENTAIRE DU DIMANCHE

Jean-Paul Sagadou, prêtre assomptionniste,
rédacteur en chef de *Prions en Église* Afrique

Bouleversement

Les disciples de Jésus ont été bouleversés par la mort de leur Maître. Ce faisant, ils ont perdu pied. Ce bouleversement était si profond qu'ils ont eu du mal à le reconnaître, après sa résurrection. Pourtant, il leur avait annoncé son chemin de mort et de résurrection. Bien plus, certains d'entre eux, de retour d'Emmaüs, avaient même raconté à leurs compagnons comment ils « ont reconnu le Seigneur quand il avait rompu le pain ». En fait, chez les disciples, peur, étonnement et joie s'entremêlent. Le Ressuscité va alors multiplier les gestes et les initiatives pour les faire passer de l'affolement à la paix : il les invite à le toucher, à le regarder, il leur montre ses mains, il mange avec eux et les appelle à se souvenir de ce qu'il leur avait dit. Il ne se contente pas de leur dire qu'il n'est pas un esprit : il le leur fait éprouver, •••

••• en leur permettant de constater la consistance charnelle du corps ressuscité. C'est ainsi qu'il les fait « entrer dans l'intelligence des Écritures », par la perception des sens. Une des leçons à retenir, c'est que les rapports entre l'homme et Dieu ne doivent pas être fondés sur la crainte et la peur, mais sur l'amour. Jésus est la figure d'un Dieu d'amour qui chasse la peur, qui apporte la paix et la joie. Le chrétien n'a pas à se laisser gagner par la peur et à être bouleversé. Ou, s'il devait l'être, il s'agirait alors de se laisser « bouleverser » par la résurrection de Jésus. C'est cela qui fera de lui un témoin du Christ ressuscité, dans la liberté !

~

Quelles sont les peurs et les craintes qui m'habitent aujourd'hui ?
Suis-je prêt à accueillir l'irruption de l'inconnu dans ma vie ?
à dépasser mes peurs pour annoncer l'Évangile ? ■

Prions en Église junior

LIRE L'ÉVANGILE AVEC LES ENFANTS

CE QUE JE DÉCOUVRE

Jésus était mort… Maintenant il est vivant ! Cela paraît incroyable. Ses amis ont besoin de le voir, de l'entendre et de le toucher. Jésus ressuscité vient à leur rencontre et il les invite à croire. **Il demande à tous ses disciples d'être les témoins de sa résurrection** et de dire au monde entier qu'il est vivant.

CE QUE JE VIS

Qu'est-ce que cela change dans ta vie, que Jésus soit vivant ?
Qui t'a parlé de Jésus, la première fois ?
Dans ton carnet de prières, dessine ou écris le nom des témoins de Jésus que tu as rencontrés. Autour d'eux, écris :
« Merci Jésus, pour ces amis de ton amour. »

Texte : Benoît Gschwind. Illustrations : Marcelino Truong

14 - 20

MÉDITATION BIBLIQUE

3E DIMANCHE DE PÂQUES

Évangile selon saint Luc 24, 35-48

Paix à vous

Le message pascal est un message de paix, non d'abord au sens d'une absence de guerres extérieures mais d'intégrité retrouvée. Nos troubles ne s'enracinent-ils pas dans des conflits intérieurs qui nous disloquent, nous dissocient ?

Le temps de la préparation

« Sur nous, Seigneur, que s'illumine ton visage. » (Ps 4, 7)

Le temps de l'observation

Le Christ ressuscité se rend présent à la communauté rassemblée. Une communauté en proie à toute une palette de sentiments : frayeur, crainte, pensées diverses, joie contenue – vu l'énormité de l'événement –, étonnement. Une communauté non homogène, car on peut supposer que les deux disciples qui rentraient d'Emmaüs, eux, étaient ancrés dans la foi : n'avaient-ils pas reconnu le Ressuscité après qu'il eut rompu la Parole et le pain avec eux ? Le Vivant vient donc rejoindre les disciples là où ils en sont, dans leur diversité, sans les juger, et reprend les choses par le début en deux étapes (toucher, partage du repas et de la Parole). Car il s'agit de leur faire comprendre que le Ressuscité est le même que le Crucifié, qu'il n'est pas un esprit, un produit de l'imagination pour se consoler de l'âpreté de la réalité. Ils pourront alors témoigner de la Résurrection et de ce qu'elle implique : le oui de Dieu à Jésus et donc au pardon des péchés.

Le temps de la méditation

Si « tous les textes de la Sainte Écriture » sont lus « pour notre instruction et notre salut », il vaut la peine de nous arrêter sur cet évangile qui n'a peut-être pas la saveur de la rencontre entre le Christ et les disciples d'Emmaüs mais contribue à nous conduire plus avant dans le spécifique de notre foi chrétienne. Communauté de salut et de témoignage, annonce du pardon et de l'universalité du dessein de vie de Dieu : toutes choses qui se fondent dans l'écoute de la Parole et le partage du repas eucharistique. Saint Augustin nous fait prendre conscience d'un changement important entre les disciples et nous-mêmes, mettant ainsi en valeur l'importance de la Parole : de fait, ils ont « touché ». Mais « le Seigneur ne jugea pas suffisant de se laisser toucher par les Apôtres, s'il ne faisait appel aux Écritures pour les confirmer dans la foi ». Et de suggérer qu'il l'a fait pour nous « qui, du Christ n'avons plus quelque chose à toucher, mais avons quelque chose à lire » *(Commentaire de la première lettre de saint Jean).*

Le temps de la prière

Seigneur, « que notre cœur devienne brûlant tandis que tu nous parles. » (Acclamation) ■

Emmanuelle Billoteau,
ermite

LE SAINT DU MOIS

20 AVRIL : SAINT MARCELLIN D'EMBRUN (IVᵉ SIÈCLE)

Un semeur d'Évangile

Si saint Martin de Tours est souvent qualifié d' « évangélisateur de la Gaule », il ne fut pas le seul, bien sûr, à y prêcher la Bonne Nouvelle du Christ. Du IIᵉ au IVᵉ siècles, bien d'autres missionnaires quittèrent leur patrie pour venir fonder des communautés chrétiennes dans les cités, puis dans les campagnes gauloises. Parmi ces intrépides pionniers figurait saint Marcellin d'Embrun. Alors que la plupart de ses devanciers étaient originaires d'Orient, Marcellin naquit en Afrique du Nord, au début du IVᵉ siècle. Avec deux compagnons, les futurs saint Domnin et saint Vincent, il se rendit à Rome, puis à Verceil (Piémont). Là, l'évêque Eusèbe leur demanda à tous trois d'aller évangéliser le versant ouest des Alpes : Marcellin se concentra sur la région d'Embrun (Hautes-Alpes), tandis que Domnin et Vincent descendirent jusqu'à Digne (Alpes-de-Haute-Provence). À Embrun, Marcellin impressionna les habitants païens par ses vertus et ses paroles qui leur révélaient une religion d'amour : le christianisme. Les conversions se multipliant, Marcellin construisit une église à la place du petit oratoire bâti à son arrivée. Saint Eusèbe de Verceil vint consacrer l'édifice vers 354, et fit de Marcellin le premier évêque d'Embrun. Malgré la réussite de sa prédication, Marcellin se heurta à l'hostilité des hérétiques ariens qui niaient la divinité du Christ : soutenus par l'empereur Constance II, ils ne craignaient pas de menacer l'évêque. Ce dernier, sur l'insistance de ses fidèles, dut même partir se cacher dans les montagnes afin de ne pas être arrêté par les fonctionnaires impériaux. Ce n'est qu'à la mort de Constance en 361 que Marcellin put regagner son siège épiscopal. Pendant les treize années qui suivirent, il s'employa à établir solidement le christianisme dans sa région. Un culte lui fut rapidement rendu après sa mort en 374, en raison des nombreux miracles qu'on lui attribuait. ■ **Xavier Lecœur**

© Gaëtan Évrard

UN SAINT POUR AUJOURD'HUI

Saint Marcellin d'Embrun fut l'un des artisans de la première évangélisation de la France. Sa foi, son audace et son énergie encouragent chaque catholique à prendre sa part dans l'œuvre de « nouvelle évangélisation », plus que jamais nécessaire en ce début de XXIe siècle.

Une prière de Lise Hudon-Bonin, pour ce dimanche

Tu es vivant avec nous, Seigneur

Tu es ressuscité, Seigneur !
Tu nous parles et nous mangeons avec toi.
C'est bien toi, le Vivant, Parole d'amour, Pain de vie.
Nous reconnaissons ta tendresse et ta paix dans les personnes qui nous écoutent, nous encouragent et nous soutiennent dans nos moments d'épreuve.
Nos enfants ont besoin d'affection, de sécurité, de respect, de confiance. Nos conjoints et nos amis souhaitent notre fidélité, nos conseils, notre complicité.
Nos collègues de travail comptent sur notre collaboration et notre enthousiasme.
Fais de nous des témoins de ta présence.
Tu es vivant auprès de nous, Seigneur.
Ta présence donne sens et fécondité à nos jours.
Tu es notre force, notre lumière.
Puissions-nous témoigner de notre joie !

LUNDI 15 AVRIL 2024

3E SEMAINE DE PÂQUES COULEUR LITURGIQUE : BLANC

Temps pascal, *messe de la férie*

Antienne d'ouverture

Le bon pasteur est ressuscité, lui qui a donné sa vie pour ses brebis, lui qui a choisi de mourir pour son troupeau, alléluia.

Prière

Nous t'en prions, Dieu tout-puissant : par la guérison obtenue dans le mystère pascal, tu nous as conformés à la nature de ton Fils ; fais qu'en nous dépouillant de l'homme ancien et de ses façons d'agir, nous vivions de la vie du Christ. Lui qui… ***— Amen.***

14 - 20

Lecture

du livre des Actes des Apôtres (6, 8-15)

« Ils ne pouvaient résister à la sagesse et à l'Esprit qui le faisaient parler »

En ces jours-là, Étienne, rempli de la grâce et de la puissance de Dieu, accomplissait parmi le peuple des prodiges et des signes éclatants. Intervinrent alors certaines gens de la synagogue dite des Affranchis, ainsi que des Cyrénéens et des Alexandrins, et aussi des gens originaires de Cilicie et de la province d'Asie. Ils se mirent à discuter avec Étienne, mais sans pouvoir résister à la sagesse et à l'Esprit qui le faisaient parler. Alors ils soudoyèrent des hommes pour qu'ils disent :

« Nous l'avons entendu prononcer des paroles blasphématoires contre Moïse et contre Dieu. » Ils ameutèrent le peuple, les anciens et les scribes, et, s'étant saisis d'Étienne à l'improviste, ils l'amenèrent devant le Conseil suprême. Ils produisirent de faux témoins, qui disaient : « Cet individu ne cesse de proférer des paroles contre le Lieu saint et contre la Loi. Nous l'avons entendu affirmer que ce Jésus, le Nazaréen, détruirait le Lieu saint et changerait les coutumes que Moïse nous a transmises. » Tous ceux qui siégeaient au Conseil suprême avaient les yeux fixés sur Étienne, et ils virent que son visage était comme celui d'un ange. – Parole du Seigneur.

Psaume 118 (119)

℟ ***Heureux ceux qui marchent suivant la loi du Seigneur !***
OU ***Alléluia !***

Lorsque des grands accusent ton serviteur,
je médite sur tes ordres.
Je trouve mon plaisir en tes exigences :
ce sont elles qui me conseillent. ℟

J'énumère mes voies : tu me réponds ;
apprends-moi tes commandements.
Montre-moi la voie de tes préceptes,
que je médite sur tes merveilles. ℟

Détourne-moi de la voie du mensonge,
fais-moi la grâce de ta loi.
J'ai choisi la voie de la fidélité,
je m'ajuste à tes décisions. ℟

Acclamation de l'Évangile

Alléluia. Alléluia. L'homme ne vit pas seulement de pain, mais de toute parole qui sort de la bouche de Dieu. ***Alléluia.***

Évangile de Jésus Christ

selon saint Jean (6, 22-29)

« Travaillez non pas pour la nourriture qui se perd, mais pour la nourriture qui demeure jusque dans la vie éternelle »

Jésus avait rassasié cinq mille hommes, et ses disciples l'avaient vu marcher sur la mer. Le lendemain, la foule restée sur l'autre rive se rendit compte qu'il n'y avait eu là qu'une seule barque, et que Jésus n'y était pas monté avec ses disciples, qui étaient partis sans lui. Cependant, d'autres barques, venant de Tibériade, étaient arrivées près de l'endroit où l'on avait mangé le pain après que le Seigneur eut rendu grâce.

Quand la foule vit que Jésus n'était pas là, ni ses disciples, les gens montèrent dans les barques et se dirigèrent vers Capharnaüm à la recherche de Jésus. L'ayant trouvé sur l'autre rive, ils lui dirent : « Rabbi, quand es-tu arrivé ici ? » Jésus leur répondit : « Amen, amen, je vous le dis : vous me cherchez, non parce que vous avez vu des signes*, mais parce que vous avez mangé de ces pains et que vous avez été rassasiés. Travaillez non pas pour la nourriture qui se perd, mais pour la nourriture qui demeure jusque dans la vie éternelle, celle que vous donnera le Fils de l'homme, lui que Dieu, le Père, a marqué de son sceau. » Ils lui dirent alors : « Que devons-nous faire pour

travailler aux œuvres de Dieu ? » Jésus leur répondit : « L'œuvre de Dieu, c'est que vous croyiez en celui qu'il a envoyé. »

Prière sur les offrandes

Que nos prières montent vers toi, Seigneur, avec ces offrandes pour le sacrifice ; dans ta bonté, purifie-nous, et nous serons mieux préparés au sacrement de ton amour infini. Par le Christ, notre Seigneur. **— *Amen.***

Préface du temps pascal, p. 215.

Antienne de la communion

Je vous laisse la paix,
je vous donne ma paix ;
ce n'est pas à la manière du monde
que je vous la donne, dit le Seigneur,
alléluia.
(Jn 14, 27)

Prière après la communion

Dieu éternel et tout-puissant, dans la résurrection du Christ, tu nous recrées pour la vie éternelle ; multiplie en nous les fruits du sacrement pascal : répands en nos cœurs la force de cette nourriture qui apporte le salut. Par le Christ, notre Seigneur. **— *Amen.***

INVITATION

Étienne présente à ses accusateurs un visage rayonnant,
comme celui d'un ange. Et moi ?
Quel est le visage que je présente à mon entourage, malgré mes soucis ?

COMMENTAIRE

CDI à temps plein Jean 6, 22-29

Les foules cherchent Jésus, le thaumaturge qui multiplie les pains. Le Fils de l'homme n'est pas dupe et connaît leur désir d'une nourriture obtenue sans effort. Et voilà qu'il leur propose un labeur bien singulier : « L'œuvre de Dieu, c'est que vous croyiez en celui qu'il a envoyé. » La foi envisagée comme un travail à temps plein, un bel ouvrage qui institue chaque croyant collaborateur de l'Esprit. Dieu embauche en contrat indéterminé ! ■

***Bénédicte de la Croix**, cistercienne*

✻ CLÉ DE LECTURE

« Des signes » Jean 6, 26 *(p. 111)*

Dans les Actes des Apôtres, les signes et les prodiges d'Étienne font écho au récit de l'Exode et manifestent la puissance de Dieu ; dans l'évangile de Jean, Jésus accomplit des « signes » invitant à la foi. Jean utilise le terme comme repère qui invite à reconnaître la présence de celui qui agit au nom et en place de Dieu. Pourtant, les foules ne s'attachent à Jésus que parce qu'il les a rassasiées. Or, au-delà du pain dont il les a nourries, Jésus les invite à percevoir que sa présence vient combler une autre faim et que seule compte la foi en lui. La foi fait participer à l'œuvre de Dieu et reconnaître le seul signe décisif : Jésus lui-même, envoyé de Dieu, donne sa vie pour que d'autres vivent. Alors, le pain partagé devient le signe effectif de sa présence. ■

***Roselyne Dupont-Roc**, bibliste*

MARDI 16 AVRIL 2024

3E SEMAINE DE PÂQUES COULEUR LITURGIQUE : BLANC

Temps pascal, *messe de la férie*

Antienne d'ouverture

Louez notre Dieu, vous tous qui le craignez, les petits et les grands. Maintenant voici le salut, la puissance, et le pouvoir de son Christ, alléluia ! (Ap 19, 5 ; 12, 10)

Prière

Seigneur Dieu, à ceux que tu as fait renaître de l'eau et de l'Esprit Saint, tu ouvres le royaume des Cieux ; fais grandir ta grâce en tes serviteurs afin que, déjà purifiés de leurs fautes, ils ne rendent vaine aucune des promesses de ton amour. Par Jésus… ***— Amen.***

Lecture

du livre des Actes des Apôtres (7, 51 – 8, 1a)

« Seigneur Jésus, reçois mon esprit »

En ces jours-là, Étienne disait au peuple, aux anciens et aux scribes : « Vous qui avez la nuque raide, vous dont le cœur et les oreilles sont fermés à l'Alliance, depuis toujours vous résistez à l'Esprit Saint ; vous êtes bien comme vos pères ! Y a-t-il un prophète que vos pères n'aient pas persécuté ? Ils ont même tué ceux qui annonçaient d'avance la venue du Juste, celui-là que maintenant vous venez de livrer et d'assassiner. Vous qui aviez reçu la loi sur ordre des anges, vous ne l'avez pas observée. » Ceux

qui écoutaient ce discours avaient le cœur exaspéré et grinçaient des dents contre Étienne. Mais lui, rempli de l'Esprit Saint, fixait le ciel du regard : il vit la gloire de Dieu, et Jésus debout à la droite de Dieu. Il déclara : « Voici que je contemple les cieux ouverts et le Fils de l'homme debout à la droite de Dieu. » Alors ils poussèrent de grands cris et se bouchèrent les oreilles. Tous ensemble, ils se précipitèrent sur lui, l'entraînèrent hors de la ville et se mirent à le lapider. Les témoins avaient déposé leurs vêtements aux pieds d'un jeune homme appelé Saul. Étienne, pendant qu'on le lapidait, priait ainsi : « Seigneur Jésus, reçois mon esprit. » Puis, se mettant à genoux, il s'écria d'une voix forte : « Seigneur, ne leur compte pas ce péché. » Et, après cette parole, il s'endormit dans la mort. Quant à Saul, il approuvait ce meurtre.
– Parole du Seigneur.

Psaume 30 (31)

℟ ***En tes mains, Seigneur, je remets mon esprit.*** OU ***Alléluia !***

Sois le rocher qui m'abrite,
la maison fortifiée qui me sauve.
Ma forteresse et mon roc, c'est toi :
pour l'honneur de ton nom,
tu me guides et me conduis. ℟

En tes mains je remets mon esprit ;
tu me rachètes, Seigneur, Dieu de vérité.
Moi, je suis sûr du Seigneur.
Ton amour me fait danser de joie. ℟

Sur ton serviteur,
que s'illumine ta face ;
sauve-moi par ton amour.
Tu combles, à la face du monde,
ceux qui ont en toi leur refuge. ℟

Acclamation de l'Évangile

Alléluia. Alléluia. Moi, je suis le pain de la vie, dit le Seigneur, celui qui vient à moi n'aura jamais faim. ***Alléluia.***

Évangile de Jésus Christ

selon saint Jean (6, 30-35)

« Ce n'est pas Moïse, c'est mon Père qui vous donne le vrai pain venu du ciel »

En ce temps-là, la foule dit à Jésus : « Quel signe vas-tu accomplir pour que nous puissions le voir, et te croire ? Quelle œuvre vas-tu faire ? Au désert, nos pères ont mangé la manne ; comme dit l'Écriture : *Il leur a donné à manger le pain venu du ciel.* » Jésus leur répondit : « Amen, amen, je vous le dis : ce n'est pas Moïse qui vous a donné le pain venu du ciel ; c'est mon Père qui vous donne le vrai pain venu du ciel. Car le pain de Dieu, c'est celui qui descend du ciel et qui donne la vie au monde. » Ils lui dirent alors : « Seigneur, donne-nous toujours de ce pain-là. » Jésus leur répondit : « Moi, je suis le pain de la vie. Celui qui vient à moi n'aura jamais faim ; celui qui croit en moi n'aura jamais soif. »

Prière sur les offrandes

Accueille, nous t'en prions, Seigneur, les dons de ton Église en fête ; tu es pour elle à l'origine d'un si grand bonheur : qu'il s'épanouisse en joie éternelle. Par le Christ, notre Seigneur. ***— Amen.***

Préface du temps pascal, p. 215.

Antienne de la communion

Si nous sommes passés par la mort
avec le Christ, nous croyons
que nous vivrons aussi avec lui,
alléluia.
(Rm 6, 8)

Prière après la communion

Regarde avec bonté, Seigneur, nous t'en prions, le peuple que tu as rénové par tes sacrements ; accorde-nous de parvenir à la vie incorruptible lorsque notre chair ressuscitera dans la gloire. Par le Christ, notre Seigneur. **— *Amen.***

INVITATION

« C'est mon Père qui vous donne le vrai pain venu du ciel. »
Seigneur, je te confie celles et ceux qui préparent leur première communion.

COMMENTAIRE

La voie de son maître Actes 7, 51 – 8, 1a

Jésus avait prévenu ses disciples : le serviteur n'est pas plus grand que son rabbi. Le diacre Étienne va le payer de sa vie. N'oublions pas : l'Église a choisi de faire mémoire de son martyre le 26 décembre, lendemain de la Nativité. Alors que nous sommes tout à la joie d'une naissance, elle nous invite à plonger dans le mystère pascal, où les amis du Christ sont conduits de sa mort à la gloire de sa résurrection. Étienne, un autre Christ. ■

***Bénédicte de la Croix,** cistercienne*

MERCREDI 17 AVRIL 2024

3E SEMAINE DE PÂQUES COULEUR LITURGIQUE : BLANC

Temps pascal, *messe de la férie*

Antienne d'ouverture

Que ma bouche soit remplie de ta louange, pour que je puisse chanter ; joie sur mes lèvres qui chantent pour toi, alléluia. (cf. Ps 70, 8.23)

Prière

Viens au secours de ta famille, Seigneur, sois généreux pour elle : toi qui lui as donné la grâce de la foi, accorde-lui d'avoir part, pour toujours, à la résurrection de ton Fils unique. Lui qui… — ***Amen.***

Lecture

du livre des Actes des Apôtres (8, 1b-8)

« Ceux qui s'étaient dispersés annonçaient la Bonne Nouvelle de la Parole là où ils passaient »

Le jour de la mort d'Étienne, éclata une violente persécution contre l'Église de Jérusalem. Tous se dispersèrent dans les campagnes de Judée et de Samarie, à l'exception des Apôtres. Des hommes religieux ensevelirent Étienne et célébrèrent pour lui un grand deuil. Quant à Saul, il ravageait l'Église, il pénétrait dans les maisons, pour en arracher hommes et femmes, et les jeter en prison.

Ceux qui s'étaient dispersés annonçaient la Bonne Nouvelle de la

Parole là où ils passaient. C'est ainsi que Philippe, l'un des Sept, arriva dans une ville de Samarie, et là il proclamait le Christ. Les foules, d'un même cœur, s'attachaient à ce que disait Philippe, car elles entendaient parler des signes qu'il accomplissait, ou même les voyaient. Beaucoup de possédés étaient délivrés des esprits impurs, qui sortaient en poussant de grands cris. Beaucoup de paralysés et de boiteux furent guéris. Et il y eut dans cette ville une grande joie.
– Parole du Seigneur.

Psaume 65 (66)

℟ ***Acclamez Dieu, toute la terre !***
OU ***Alléluia !***

Acclamez Dieu, toute la terre ;
fêtez la gloire de son nom,
glorifiez-le en célébrant sa louange.
Dites à Dieu :
« Que tes actions sont redoutables ! » ℟

Toute la terre se prosterne devant toi,
elle chante pour toi, elle chante pour ton nom. »
Venez et voyez les hauts faits de Dieu,
ses exploits redoutables
pour les fils des hommes. ℟

Il changea la mer en terre ferme :
ils passèrent le fleuve à pied sec.
De là, cette joie qu'il nous donne.
Il règne à jamais par sa puissance. ℟

Acclamation de l'Évangile

Alléluia. Alléluia. Celui qui voit le Fils et croit en lui a la vie éternelle, dit le Seigneur ; et moi, je le ressusciterai au dernier jour. ***Alléluia.***

Évangile de Jésus Christ

selon saint Jean (6, 35-40)

« Telle est la volonté de mon Père :
que celui qui voit le Fils et croit en lui ait la vie éternelle »

En ce temps-là, Jésus disait aux foules : « Moi, je suis le pain de la vie. Celui qui vient à moi n'aura jamais faim ; celui qui croit en moi n'aura jamais soif. Mais je vous l'ai déjà dit : vous avez vu, et pourtant vous ne croyez pas. Tous ceux que me donne le Père viendront jusqu'à moi ; et celui qui vient à moi, je ne vais pas le jeter dehors. Car je suis descendu du ciel pour faire non pas ma volonté, mais la volonté de Celui qui m'a envoyé. Or, telle est la volonté de Celui qui m'a envoyé : que je ne perde aucun de ceux qu'il m'a donnés, mais que je les ressuscite au dernier jour. Telle est la volonté de mon Père : que celui qui voit le Fils et croit en lui ait la vie éternelle ; et moi, je le ressusciterai au dernier jour. »

Prière sur les offrandes

Donne-nous, Seigneur, nous t'en prions, de toujours te rendre grâce par ces mystères de Pâques ; qu'ils continuent l'œuvre de notre relèvement et deviennent pour nous une source intarissable de joie. Par le Christ, notre Seigneur. ***— Amen.***

Préface du temps pascal, p. 215.

Antienne de la communion
Le Seigneur est ressuscité,
il nous a rachetés par son sang,
et nous remplit de sa lumière,
alléluia.

Prière après la communion
Écoute nos prières, Seigneur : que cet échange très saint où l'homme est racheté nous soutienne durant la vie présente et nous procure les joies éternelles. Par le Christ, notre Seigneur.
— Amen.

INVITATION

« Celui qui vient à moi, je ne vais pas le jeter dehors. » Suis-je prêt, moi aussi, à un accueil inconditionnel des personnes qui viennent vers moi ?

COMMENTAIRE

Lumière triomphante Jean 6, 35-40

Jésus se présente comme le pain de la vie. Cette vie qu'il offre gracieusement n'aura pas de fin : cap sur l'éternité. Dans nos yeux brille encore l'éclat du cierge pascal allumé durant la vigile pour signifier le triomphe de la lumière du Christ sur les ténèbres du péché et de la mort. Croyons-nous vraiment que notre communion au corps et au sang du Christ ressuscité fait de chacun de nous un vivant, à la suite du Premier-Né d'entre les morts ? ■

***Bénédicte de la Croix,** cistercienne*

JEUDI 18 AVRIL 2024

3e SEMAINE DE PÂQUES COULEUR LITURGIQUE : BLANC

Temps pascal, *messe de la férie*

Antienne d'ouverture

Chantons pour le Seigneur ! Éclatante est sa gloire !
Ma force et ma louange, c'est le Seigneur :
il est pour moi le salut, alléluia. (Ex 15, 1-2)

Prière

Dieu éternel et tout-puissant, nous implorons avec plus de ferveur ta tendresse, en ce temps de Pâques où ta bonté nous l'a mieux fait connaître : ceux que tu as dégagés des ténèbres de l'erreur, fais-les adhérer plus fermement aux enseignements de ta vérité. Par Jésus… ***— Amen.***

Lecture

du livre des Actes des Apôtres (8, 26-40)

« Voici de l'eau : qu'est-ce qui empêche que je sois baptisé ? »

En ces jours-là, l'ange du Seigneur adressa la parole à Philippe en disant : « Mets-toi en marche en direction du sud, prends la route qui descend de Jérusalem à Gaza ; elle est déserte. » Et Philippe se mit en marche. Or, un Éthiopien, un eunuque, haut fonctionnaire de Candace, la reine d'Éthiopie, et administrateur de tous ses trésors, était venu à Jérusalem pour adorer. Il en revenait, assis sur son char, et

lisait le prophète Isaïe. L'Esprit dit à Philippe : « Approche, et rejoins ce char. » Philippe se mit à courir, et il entendit l'homme qui lisait le prophète Isaïe ; alors il lui demanda : « Comprends-tu ce que tu lis ? » L'autre lui répondit : « Et comment le pourrais-je s'il n'y a personne pour me guider ? » Il invita donc Philippe à monter et à s'asseoir à côté de lui. Le passage de l'Écriture qu'il lisait était celui-ci : *Comme une brebis, il fut conduit à l'abattoir ; comme un agneau muet devant le tondeur, il n'ouvre pas la bouche. Dans son humiliation, il n'a pas obtenu justice. Sa descendance, qui en parlera ? Car sa vie est retranchée de la terre.* Prenant la parole, l'eunuque dit à Philippe : « Dis-moi, je te prie : de qui le prophète parle-t-il ? De lui-même, ou bien d'un autre ? » Alors Philippe prit la parole et, à partir de ce passage de l'Écriture, il lui annonça la Bonne Nouvelle de Jésus. Comme ils poursuivaient leur route, ils arrivèrent à un point d'eau, et l'eunuque dit : « Voici de l'eau : qu'est-ce qui empêche que je sois baptisé ? » Il fit arrêter le char, ils descendirent dans l'eau tous les deux, et Philippe baptisa l'eunuque. Quand ils furent remontés de l'eau, l'Esprit du Seigneur emporta Philippe ; l'eunuque ne le voyait plus, mais il poursuivait sa route, tout joyeux.

Philippe se retrouva dans la ville d'Ashdod, il annonçait la Bonne Nouvelle dans toutes les villes où il passait jusqu'à son arrivée à Césarée.

– Parole du Seigneur.

Psaume 65 (66)

℟ ***Acclamez Dieu, toute la terre !***
OU ***Alléluia !***

Peuples, bénissez notre Dieu !
Faites retentir sa louange,
car il rend la vie à notre âme,
il a gardé nos pieds de la chute. ℟

Venez, écoutez, vous tous qui craignez Dieu :
je vous dirai ce qu'il a fait pour mon âme ;
quand je poussai vers lui mon cri,
ma bouche faisait déjà son éloge. ℟

Béni soit Dieu
qui n'a pas écarté ma prière,
ni détourné de moi son amour ! ℟

Acclamation de l'Évangile

Alléluia. Alléluia. Moi, je suis le pain vivant qui est descendu du ciel, dit le Seigneur ; si quelqu'un mange de ce pain, il vivra éternellement. ***Alléluia.***

Évangile de Jésus Christ

selon saint Jean (6, 44-51)

« Moi, je suis le pain vivant, qui est descendu du ciel »

En ce temps-là, Jésus disait aux foules : « Personne ne peut venir à moi, si le Père qui m'a envoyé ne l'attire, et moi, je le ressusciterai au dernier jour. Il est écrit dans les prophètes : *Ils seront tous instruits par*

Dieu lui-même. Quiconque a entendu le Père et reçu son enseignement vient à moi.
« Certes, personne n'a jamais vu le Père, sinon celui qui vient de Dieu : celui-là seul a vu le Père. Amen, amen, je vous le dis : il a la vie éternelle, celui qui croit. Moi, je suis le pain de la vie. Au désert, vos pères ont mangé la manne, et ils sont morts ; mais le pain qui descend du ciel est tel que celui qui en mange ne mourra pas.
« Moi, je suis le pain vivant, qui est descendu du ciel : si quelqu'un mange de ce pain, il vivra éternellement. Le pain que je donnerai, c'est ma chair, donnée pour la vie du monde. »

Prière sur les offrandes

Seigneur notre Dieu, dans l'admirable échange du sacrifice eucharistique, tu nous fais participer à ton unique et souveraine divinité ; nous avons reçu la connaissance de ta vérité : accorde-nous de lui être fidèles par toute notre vie. Par le Christ, notre Seigneur. — ***Amen.***

Préface du temps pascal, p. 215.

Antienne de la communion

Le Christ est mort pour tous,
afin que les vivants n'aient plus
leur vie centrée sur eux-mêmes,
mais sur lui, qui est mort et ressuscité
pour eux, alléluia.
(2 Co 5, 15)

Prière après la communion

Dans ta bienveillance, reste auprès de ton peuple, nous t'en prions, Seigneur ; puisque tu l'as initié aux sacrements du ciel, fais-le passer de ce qui est ancien à la vie nouvelle. Par le Christ, notre Seigneur. — ***Amen.***

INVITATION

Philippe a annoncé la Bonne Nouvelle au haut fonctionnaire éthiopien. Comment puis-je être témoin de l'Évangile pour mes enfants, mes petits-enfants, les jeunes que je rencontre ?

COMMENTAIRE

Un eunuque intéressé, baptisé, transformé Actes 8, 26-40

J'éprouve toujours la même émotion en écoutant le récit de la visitation de Philippe à l'eunuque, sujet de la reine d'Éthiopie. Cet homme, mutilé dans la chair, découvre le Serviteur souffrant. Ce Dieu vulnérable, livré impuissant aux mains des bourreaux, le rejoint dans son histoire et porte avec lui sa honte et sa douleur. Plongé dans les eaux baptismales, il renaît et recouvre son entière dignité, puis poursuit sa route joyeusement ! ■

Bénédicte de la Croix, cistercienne

VENDREDI 19 AVRIL 2024

3E SEMAINE DE PÂQUES COULEUR LITURGIQUE : BLANC

Temps pascal, *messe de la férie*

Antienne d'ouverture

Il est digne, l'Agneau immolé, de recevoir puissance, divinité, sagesse, force et honneur, alléluia. (cf. Ap 5, 12)

Prière

Nous t'en prions, Dieu tout-puissant : puisque nous avons la grâce de connaître la résurrection du Seigneur, que ton Esprit d'amour nous ressuscite, nous aussi, à une vie nouvelle. Par Jésus… — ***Amen.***

Lecture

du livre des Actes des Apôtres (9, 1-20)

« Cet homme est l'instrument que j'ai choisi pour faire parvenir mon nom auprès des nations »

En ces jours-là, Saul était toujours animé d'une rage meurtrière contre les disciples du Seigneur. Il alla trouver le grand prêtre et lui demanda des lettres pour les synagogues de Damas, afin que, s'il trouvait des hommes et des femmes qui suivaient le Chemin du Seigneur, il les amène enchaînés à Jérusalem. Comme il était en route et approchait de Damas, soudain une lumière venant du ciel l'enveloppa de sa clarté. Il fut précipité à terre ; il entendit une voix qui lui disait : « Saul, Saul, pourquoi

me persécuter ? » Il demanda : « Qui es-tu, Seigneur ? » La voix répondit : « Je suis Jésus, celui que tu persécutes. Relève-toi et entre dans la ville : on te dira ce que tu dois faire. » Ses compagnons de route s'étaient arrêtés, muets de stupeur : ils entendaient la voix, mais ils ne voyaient personne. Saul se releva de terre et, bien qu'il eût les yeux ouverts, il ne voyait rien. Ils le prirent par la main pour le faire entrer à Damas. Pendant trois jours, il fut privé de la vue et il resta sans manger ni boire. Or, il y avait à Damas un disciple nommé Ananie. Dans une vision, le Seigneur lui dit : « Ananie ! » Il répondit : « Me voici, Seigneur. » Le Seigneur reprit : « Lève-toi, va dans la rue appelée rue Droite, chez Jude : tu demanderas un homme de Tarse nommé Saul. Il est en prière, et il a eu cette vision : un homme, du nom d'Ananie, entrait et lui imposait les mains pour lui rendre la vue. » Ananie répondit : « Seigneur, j'ai beaucoup entendu parler de cet homme, et de tout le mal qu'il a fait subir à tes fidèles à Jérusalem. Il est ici, après avoir reçu de la part des grands prêtres le pouvoir d'enchaîner tous ceux qui invoquent ton nom. » Mais le Seigneur lui dit : « Va ! car cet homme est l'instrument que j'ai choisi pour faire parvenir mon nom auprès des nations, des rois et des fils d'Israël. Et moi, je lui montrerai tout ce qu'il lui faudra souffrir pour mon nom. » Ananie partit donc et entra dans la maison. Il imposa les mains à Saul, en disant : « Saul, mon frère, celui qui m'a envoyé, c'est le Seigneur, c'est Jésus qui t'est apparu sur le chemin par lequel tu venais. Ainsi, tu vas retrouver la vue, et tu seras rempli d'Esprit Saint. » Aussitôt tombèrent de ses yeux comme des écailles, et il retrouva la vue*. Il se leva, puis il fut baptisé. Alors il prit de la nourriture et les forces lui revinrent. Il passa quelques jours à Damas avec les disciples et, sans plus attendre, il proclamait Jésus dans les synagogues, affirmant que celui-ci est le Fils de Dieu. – Parole du Seigneur.

Psaume 116 (117)

℟ ***Allez dans le monde entier. Proclamez l'Évangile.***
OU ***Alléluia !***

Louez le Seigneur, tous les peuples ;
fêtez-le, tous les pays ! ℟

Son amour envers nous s'est montré le plus fort ;
éternelle est la fidélité du Seigneur ! ℟

Acclamation de l'Évangile

Alléluia. Alléluia. Qui mange ma chair et boit mon sang demeure en moi, et moi en lui, dit le Seigneur. ***Alléluia.***

Évangile de Jésus Christ

selon saint Jean (6, 52-59)

« Ma chair est la vraie nourriture, et mon sang est la vraie boisson »

En ce temps-là, les Juifs se querellaient entre eux : « Comment celui-là peut-il nous donner sa chair à manger ? » Jésus leur dit alors : « Amen, amen, je vous le dis : si vous ne mangez pas la chair du Fils de l'homme, et si vous ne buvez pas son sang, vous n'avez pas la vie en vous. Celui qui mange ma chair et boit mon sang a la vie éternelle ; et moi, je le ressusciterai au dernier jour. En effet, ma chair est la vraie nourriture, et mon sang est la vraie boisson. Celui qui mange ma chair et boit mon sang demeure en moi, et moi, je demeure en lui. De même que le Père, qui est vivant, m'a envoyé, et que moi je vis par le Père, de même celui qui me mange, lui aussi vivra par moi. Tel est le pain qui est descendu du ciel : il n'est pas comme celui que les pères ont mangé. Eux, ils sont morts ; celui qui mange ce pain vivra éternellement. » Voilà ce que Jésus a dit alors qu'il enseignait à la synagogue de Capharnaüm.

Prière sur les offrandes

Dans ta bonté, sanctifie ces dons, nous t'en prions, Seigneur ; accepte le sacrifice spirituel que nous t'offrons, et fais de nous-mêmes une éternelle offrande pour toi. Par le Christ, notre Seigneur. — ***Amen.***

Préface du temps pascal, p. 215.

Antienne de la communion

Le crucifié s'est relevé
d'entre les morts,
il nous a rachetés,
alléluia.

Prière après la communion

Seigneur, nous avons reçu le don de tes sacrements, et nous te prions humblement : ton Fils nous a demandé de les célébrer en mémoire de lui, qu'ils augmentent en nous la charité. Par le Christ, notre Seigneur. — ***Amen.***

INVITATION

Saul est passé de persécuteur à instrument de Dieu. Je peux prier aujourd'hui pour une cause qui me semble désespérée : rien n'est impossible à Dieu !

COMMENTAIRE

Au plus intime de chacun

Jean 6, 52-59

La lecture continue du chapitre 6 de l'évangile de Jean interroge ma pratique sacramentelle, la bouscule. Que signifie, pour moi, participer à l'eucharistie, communier au corps et au sang du Christ ? « Celui qui mange ma chair et boit mon sang demeure en moi, et moi, je demeure en lui », affirme Jésus à ses détracteurs. Une intimité bouleversante, accessible uniquement dans un acte de foi qui fait de chaque baptisé une « maison-Dieu ». ■

***Bénédicte de la Croix,** cistercienne*

✲ CLÉ DE LECTURE

« Il retrouva la vue »

Actes 9, 18 *(p. 128)*

Le récit de la conversion de Saul sur le chemin de Damas est spectaculaire et fortement dramatisé. Luc, l'auteur, veut montrer comment Paul, terrassé par la rencontre du Ressuscité, va être initié à la foi chrétienne par diverses médiations : la foi se transmet. Paul aveugle est accompagné dans la ville. Suivant le rite d'une entrée dans la communauté ecclésiale, il reçoit d'Ananie le baptême, décrit en termes de traversée pascale et d'illumination. Trois jours de nuit, de jeûne, une traversée de la mort, puis avec l'imposition des mains et le don de l'Esprit, le relèvement et le retour à la vie. Devenir chrétien, c'est entrer dans une vie nouvelle et changer de regard : dans ceux qu'il persécutait, Paul reconnaît le Seigneur crucifié et ressuscité. ■

***Roselyne Dupont-Roc,** bibliste*

SAMEDI 20 AVRIL 2024

3E SEMAINE DE PÂQUES COULEUR LITURGIQUE : BLANC

Temps pascal, *messe de la férie*

Antienne d'ouverture

Dans le baptême, vous avez été mis au tombeau avec le Christ
et vous êtes ressuscités avec lui
par la foi en la force de Dieu
qui l'a ressuscité d'entre les morts, alléluia. (Col 2, 12)

Prière

Seigneur Dieu, à la fontaine baptismale, tu as renouvelé ceux qui croient en toi ; protège ceux que tu as fait renaître dans le Christ pour les rendre victorieux contre les assauts de l'erreur, et les garder fidèles à la grâce de ta bénédiction. Par Jésus… — ***Amen.***

Lecture

du livre des Actes des Apôtres (9, 31-42)

« L'Église se construisait, réconfortée par l'Esprit Saint »

En ces jours-là, l'Église était en paix dans toute la Judée, la Galilée et la Samarie ; elle se construisait et elle marchait dans la crainte du Seigneur ; réconfortée par l'Esprit Saint, elle se multipliait. Or, il arriva que Pierre, parcourant tout le pays, se rendit aussi chez les fidèles qui habitaient Lod. Il y trouva un homme du nom d'Énéas,

alité depuis huit ans parce qu'il était paralysé. Pierre lui dit : « Énéas, Jésus Christ te guérit, lève-toi et fais ton lit toi-même. » Et aussitôt il se leva. Alors tous les habitants de Lod et de la plaine de Sarone purent le voir, et ils se convertirent en se tournant vers le Seigneur.

Il y avait aussi à Jaffa une femme disciple du Seigneur nommée Tabitha, ce qui se traduit : Dorcas (c'est-à-dire : Gazelle). Elle était riche des bonnes œuvres et des aumônes qu'elle faisait. Or, il arriva en ces jours-là qu'elle tomba malade et qu'elle mourut. Après la toilette funèbre, on la déposa dans la chambre haute. Comme Lod est près de Jaffa, les disciples, apprenant que Pierre s'y trouvait, lui envoyèrent deux hommes avec cet appel : « Viens chez nous sans tarder. » Pierre se mit en route avec eux.

À son arrivée on le fit monter à la chambre haute. Toutes les veuves en larmes s'approchèrent de lui ; elles lui montraient les tuniques et les manteaux confectionnés par Dorcas quand celle-ci était avec elles. Pierre mit tout le monde dehors ; il se mit à genoux et pria ; puis il se tourna vers le corps, et il dit : « Tabitha, lève-toi ! » Elle ouvrit les yeux et, voyant Pierre, elle se redressa et s'assit. Pierre, lui donnant la main, la fit lever. Puis il appela les fidèles et les veuves et la leur présenta vivante. La chose fut connue dans toute la ville de Jaffa, et beaucoup crurent au Seigneur. – Parole du Seigneur.

Psaume 115 (116B)

℟ ***Comment rendrai-je au Seigneur tout le bien qu'il m'a fait ?***
OU ***Alléluia !***

Comment rendrai-je au Seigneur
tout le bien qu'il m'a fait ?
J'élèverai la coupe du salut,
j'invoquerai le nom du Seigneur. ℟

Je tiendrai mes promesses au Seigneur,
oui, devant tout son peuple !
Il en coûte au Seigneur
de voir mourir les siens ! ℟

Ne suis-je pas, Seigneur, ton serviteur,
moi, dont tu brisas les chaînes ?
Je t'offrirai le sacrifice d'action de grâce,
j'invoquerai le nom du Seigneur. ℟

Acclamation de l'Évangile

Alléluia. Alléluia. Tes paroles, Seigneur, sont esprit et elles sont vie. Tu as les paroles de la vie éternelle. ***Alléluia.***

Évangile de Jésus Christ

selon saint Jean (6, 60-69)

« Seigneur, à qui irions-nous ? Tu as les paroles de la vie éternelle »

En ce temps-là, Jésus avait donné un enseignement dans la synagogue de Capharnaüm. Beaucoup de ses disciples, qui avaient entendu, déclarèrent : « Cette parole est rude ! Qui peut l'entendre ? » Jésus

savait en lui-même que ses disciples récriminaient à son sujet. Il leur dit : « Cela vous scandalise ? Et quand vous verrez le Fils de l'homme monter là où il était auparavant !... C'est l'esprit qui fait vivre, la chair n'est capable de rien. Les paroles que je vous ai dites sont esprit et elles sont vie. Mais il y en a parmi vous qui ne croient pas. » Jésus savait en effet depuis le commencement quels étaient ceux qui ne croyaient pas, et qui était celui qui le livrerait. Il ajouta : « Voilà pourquoi je vous ai dit que personne ne peut venir à moi si cela ne lui est pas donné par le Père. » À partir de ce moment, beaucoup de ses disciples s'en retournèrent et cessèrent de l'accompagner. Alors Jésus dit aux Douze : « Voulez-vous partir, vous aussi ? » Simon-Pierre lui répondit : « Seigneur, à qui irions-nous ? Tu as les paroles de la vie éternelle. Quant à nous, nous croyons, et nous savons que tu es le Saint de Dieu. »

Prière sur les offrandes

Reçois avec bonté les offrandes de ta famille, nous t'en prions, Seigneur, garde-la sous ta protection : qu'elle ne perde aucun des bienfaits déjà reçus, et parvienne aux dons éternels. Par le Christ, notre Seigneur. ***— Amen.***

Préface du temps pascal, p. 215.

Antienne de la communion

Père, je te prie pour eux :
qu'ils soient un en nous, eux aussi,
pour que le monde croie
que tu m'as envoyé, dit le Seigneur,
alléluia.
(cf. Jn 17, 20-21)

Prière après la communion

Nous t'en prions, Seigneur, ne cesse pas de protéger avec tendresse ceux que tu as sauvés : la passion de ton Fils les a rachetés, qu'ils trouvent leur joie dans sa résurrection. Lui qui…
— Amen.

INVITATION

Croire n'est pas facile, certains disciples de Jésus eux-mêmes ont renoncé. Heureux qui croit en celui qui a les paroles de la vie éternelle.

COMMENTAIRE

Sans lui, nous ne pouvons rien Jean 6, 60-69

L'enseignement de Jésus sur le pain de vie est une pierre d'achoppement, provoquant le départ de trop de ses disciples. Pierre, pourtant capable d'une mémorable profession de foi, le laissera tomber aux jours de la Passion. Le souvenir de ces événements nous institue mendiants. « Sans moi, vous ne pouvez rien faire. » Sans l'Esprit de Jésus, nous restons de pauvres créatures versatiles. Que Dieu nous fasse la grâce d'avoir part à sa fidélité. ■

***Bénédicte de la Croix**, cistercienne*

DIMANCHE 21 AVRIL 2024

4E DIMANCHE DE PÂQUES

ANNÉE B – COULEUR LITURGIQUE : BLANC

Des hommes sont capables de se sacrifier pour une grande cause religieuse, sociale ou politique. Pour que la vie véritable nous soit donnée, Jésus a poussé plus loin son désintéressement. « Ma vie, nul ne la prend, mais c'est moi qui la donne. Amis, faites ainsi en mémoire de moi. » Avec joie, suivons l'exemple du Ressuscité.

RITES INITIAUX

Chant d'entrée *(Suggestions p. 239)*
OU
Antienne d'ouverture
La terre est remplie de l'amour du Seigneur ;
il a fait les cieux par sa parole, alléluia. (Ps 32, 5-6)

Suggestion de préparation pénitentielle *(ou p. 208)*
En ce dimanche du temps pascal, reconnaissons devant Dieu nos refus d'aimer et de suivre le bon berger. Demandons pardons pour nos péchés.

(R 310-1 ; T. : CNPL/Didier Rimaud ; M. : Jacques Berthier ; CNPL/Studio SM)

Jésus, berger de toute humanité, tu es venu chercher ceux qui étaient perdus. ℟

℟ ***Prends pitié de nous, fais-nous revenir,***
fais-nous revenir à toi ! prends pitié de nous !

Jésus, berger de toute humanité, tu es venu guérir ceux qui étaient malades. ℟

Jésus, berger de toute humanité, tu es venu sauver ceux qui étaient pécheurs. ℟

Que Dieu tout-puissant nous fasse miséricorde ; qu'il nous pardonne nos péchés et nous conduise à la vie éternelle. — ***Amen.***

Gloire à Dieu *(p. 211)*

Prière

Dieu éternel et tout-puissant, guide-nous jusqu'au bonheur du ciel ; que le troupeau parvienne, malgré sa faiblesse, là où son Pasteur est entré victorieux. Lui qui… ***— Amen.***

LITURGIE DE LA PAROLE

Lecture du livre des Actes des Apôtres (4, 8-12)

« En nul autre que lui, il n'y a de salut »

En ces jours-là, Pierre, rempli de l'Esprit Saint, déclara : « Chefs du peuple et anciens, nous sommes interrogés aujourd'hui pour avoir fait du bien à un infirme, et l'on nous demande comment cet homme a été sauvé. Sachez-le donc, vous tous, ainsi que tout le peuple d'Israël : c'est par le nom de Jésus le Nazaréen, lui que vous avez crucifié mais que Dieu a ressuscité d'entre les morts, c'est par lui que cet homme se trouve là, devant vous, bien portant. Ce Jésus est la pierre méprisée de vous, les bâtisseurs, mais devenue la pierre d'angle. En nul autre que lui, il n'y a de salut, car, sous le ciel, aucun autre nom n'est donné aux hommes, qui puisse nous sauver. »

– Parole du Seigneur.

Psaume 117 (118)

℟ ***La pierre qu'ont rejetée les bâtisseurs est devenue la pierre d'angle.***

OU ***Alléluia !***

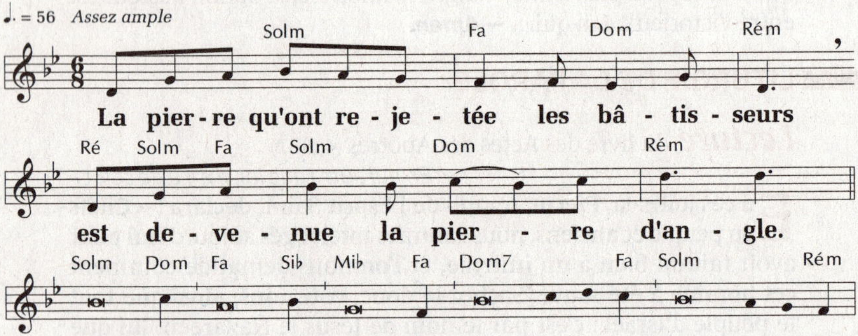

T. : AELF ; M. : J.-P. Lécot ; Éd. : ADF.

Rendez grâce au Seigneur : Il est bon !
Éternel est son amour !
Mieux vaut s'appuyer sur le Seigneur
que de compter sur les hommes ;
mieux vaut s'appuyer sur le Seigneur
que de compter sur les puissants ! ℟

Retrouvez ce psaume sur le CD "Les psaumes de l'année B"

Je te rends grâce car tu m'as exaucé :
tu es pour moi le salut.
La pierre qu'ont rejetée les bâtisseurs
est devenue la pierre d'angle :
c'est là l'œuvre du Seigneur,
la merveille devant nos yeux. ℟

Béni soit au nom du Seigneur celui qui vient !
De la maison du Seigneur, nous vous bénissons !
Tu es mon Dieu, je te rends grâce,
mon Dieu, je t'exalte !
Rendez grâce au Seigneur : Il est bon !
Éternel est son amour ! ℟

Lecture de la première lettre de saint Jean (3, 1-2)

« Nous verrons Dieu tel qu'il est »

Bien-aimés, voyez quel grand amour nous a donné le Père pour que nous soyons appelés enfants de Dieu – et nous le sommes. Voici pourquoi le monde ne nous connaît pas : c'est qu'il n'a pas connu Dieu. Bien-aimés, dès maintenant, nous sommes enfants de Dieu, mais ce que nous serons n'a pas encore été manifesté. Nous le savons : quand cela sera manifesté, nous lui serons semblables car nous le verrons tel qu'il est.
– Parole du Seigneur.

Acclamation de l'Évangile

Alléluia. Alléluia. Je suis le bon pasteur, dit le Seigneur ; je connais mes brebis et mes brebis me connaissent. ***Alléluia.***

T. : AELF ; M. : P. Robert.

Évangile de Jésus Christ selon saint Jean (10, 11-18)

« Le bon pasteur donne sa vie pour ses brebis »

En ce temps-là, Jésus déclara : « Moi, je suis le bon pasteur, le vrai berger, qui donne sa vie pour ses brebis. Le berger mercenaire n'est pas le pasteur, les brebis ne sont pas à lui : s'il voit venir le loup, il abandonne les brebis et s'enfuit ; le loup s'en empare et les disperse. Ce berger n'est qu'un mercenaire, et les brebis ne comptent pas vraiment pour lui. Moi, je suis le bon pasteur ; je connais mes brebis, et mes brebis me connaissent, comme le Père

me connaît, et que je connais le Père ; et je donne ma vie pour mes brebis. J'ai encore d'autres brebis, qui ne sont pas de cet enclos : celles-là aussi, il faut que je les conduise. Elles écouteront ma voix : il y aura un seul troupeau et un seul pasteur. Voici pourquoi le Père m'aime : parce que je donne ma vie, pour la recevoir de nouveau. Nul ne peut me l'enlever : je la donne de moi-même. J'ai le pouvoir de la donner, j'ai aussi le pouvoir de la recevoir de nouveau : voilà le commandement que j'ai reçu de mon Père. »

Homélie

Profession de foi *(p. 212)*

Suggestion de prière universelle

Le prêtre :

Au nom de Jésus, mort et ressuscité, présentons à Dieu, son Père et notre Père, nos demandes et nos supplications pour toute l'humanité.

℟ ***Seigneur, entends la prière qui monte de nos cœurs.***

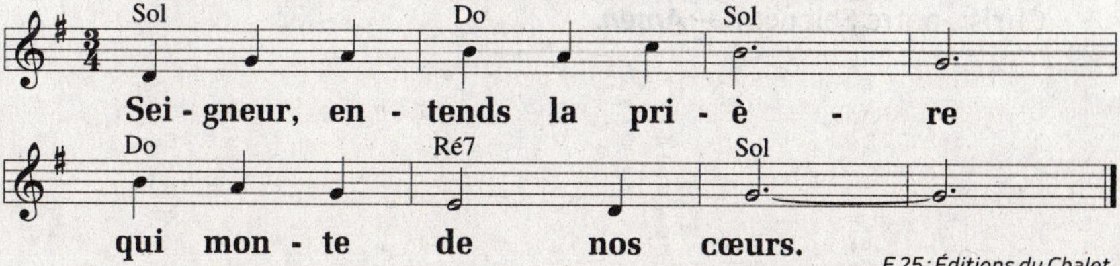

E 25; Éditions du Chalet.

Le diacre ou un lecteur :

Pour les femmes qui ne sont pas reconnues dans leur richesse et leur dignité, pour celles qui sont victimes de discriminations dans le monde entier, avec toute l'Église, prions le Seigneur. ℟

Pour les jeunes qui se posent la question d'un engagement radical à la suite du Christ, pour ceux qui les accompagnent et les forment, prions le Seigneur. ℟

Pour nos frères aînés dans la foi, les juifs, qui célèbrent en ces jours la fête de Pessah, pour les hommes et les femmes de toutes religions, prions le Seigneur. ℟

Pour les travailleurs du monde agricole et de l'environnement, pour celles et ceux qui traversent de lourdes épreuves, prions le Seigneur. ℟

(Ces intentions seront adaptées ou modifiées selon les circonstances.)

Le prêtre :

Dieu notre Père, exauce toutes nos prières, daigne les exaucer, par le Christ, notre Seigneur. — ***Amen.***

LITURGIE EUCHARISTIQUE

Prière sur les offrandes

Donne-nous, Seigneur, nous t'en prions, de toujours te rendre grâce par ces mystères de Pâques ; qu'ils continuent l'œuvre de notre relèvement et deviennent pour nous une source intarissable de joie. Par le Christ, notre Seigneur. **— *Amen.***

Prière eucharistique (*Préface du temps pascal, p. 215*)

Chant de communion (*Suggestions p. 239*)

OU

Antienne de la communion

Le bon pasteur est ressuscité,
lui qui a donné sa vie pour ses brebis,
lui qui a choisi de mourir pour son troupeau,
alléluia.

Prière après la communion

Seigneur, Pasteur plein de bonté, regarde avec bienveillance ton troupeau ; tu l'as racheté par le sang précieux de ton Fils : ouvre-lui les pâturages de la vie éternelle. Par le Christ, notre Seigneur. **— *Amen.***

RITE DE CONCLUSION

Bénédiction solennelle

En ressuscitant son Fils unique, Dieu vous a accordé le bienfait de la rédemption, il a fait de vous ses enfants : qu'il vous donne la joie de sa bénédiction.

— Amen.

Du Rédempteur, vous avez reçu d'être libres à jamais : qu'il vous accorde aussi d'avoir part à l'héritage éternel.

— Amen.

Par la foi au Christ, dans le baptême vous êtes déjà ressuscités ; par la droiture de votre vie présente, puissiez-vous mériter de lui être unis dans la patrie du ciel.

— Amen.

Et que la bénédiction de Dieu tout-puissant, le Père, et le Fils, + et le Saint-Esprit, descende sur vous et y demeure toujours.

— Amen.

Envoi

COMMENTAIRE DU DIMANCHE

Anne Da, xavière

Au cœur de la relation trinitaire

La liturgie de ce dimanche de Pâques nous place au cœur d'une relation trinitaire. Qu'est-ce qui distingue le bon pasteur du berger mercenaire, sinon un lien d'appartenance au troupeau ? Parce que les brebis ne lui appartiennent pas, le berger mercenaire s'enfuit à la vue du loup qui disperse les brebis. Le vrai berger connaît ses brebis et ses brebis le connaissent, lui qui prend soin du troupeau. Cette connaissance mutuelle est le socle de la relation de confiance avec les brebis, qui écoutent et reconnaissent la voix de leur berger. Elles se laissent conduire sur le juste chemin pour se reposer sur des prés d'herbe fraîche, sans craindre de traverser les ravins de la mort (cf. Ps 22 [23]). Car leur berger donne sa vie pour rassembler dans l'unité les brebis dispersées et les conduire au Père. Le lien qui unit le berger •••

••• et ses brebis prend sa source dans la relation trinitaire : l'amour du Père et du Fils fonde l'offrande de Jésus qui donne sa vie librement. La connaissance intérieure du bon pasteur par ses brebis et des brebis par leur berger a son origine dans la connaissance du Père par le Fils et du Fils par le Père. Ainsi, celles et ceux qui mettent leur confiance dans leur pasteur, par la présence agissante de l'Esprit Saint, témoignent du salut accompli en Jésus Christ. En son nom, ils poursuivent l'œuvre de salut, tels Pierre et les disciples avec l'homme qu'ils ont libéré de son infirmité.

Que vais-je mettre en œuvre pour écouter et reconnaître la voix du Seigneur dans ma vie quotidienne ?

Comment concrètement prendre ma part et m'engager avec le Seigneur pour œuvrer à l'unité ? ■

Prions en Église junior

LIRE L'ÉVANGILE AVEC LES ENFANTS

CE QUE JE DÉCOUVRE

Dans une parabole (une image que nous comprenons facilement), Jésus explique qu'il est le bon berger ! Lui seul connaît le nom de ses brebis. Jésus connaît le prénom de chacun de nous. Il s'intéresse à notre vie. Il nous invite à écouter sa voix. Il nous montre le chemin. **Il y a aussi des brebis qui ne connaissent pas encore Jésus. Il les aime aussi** et donne sa vie pour chacune de ses brebis !

CE QUE JE VIS

Quelle parole de Jésus préfères-tu ?
Connais-tu des gens qui n'ont pas encore rencontré Jésus ?
Ce dimanche, dans le monde entier, l'Église prie pour les vocations. Toi aussi, tu peux prier pour que chacun découvre l'appel que Dieu lui adresse.

Texte : Benoît Gschwind. Illustrations : Marcelino Truong

21 - 27

MÉDITATION BIBLIQUE

4E DIMANCHE DE PÂQUES

Évangile selon saint Jean 10, 11-18

Jeu de piste

Dans l'évangile du jour, Jésus exprime la relation faite de confiance et de don qui l'unit à son Père. Pour mettre en œuvre le renouveau de notre monde et de nos vies, Dieu a besoin de notre participation.

Le temps de la préparation

« Voyez quel grand amour nous a donné le Père pour que nous soyons appelés enfants de Dieu – et nous le sommes. » (1 Jn 3, 1)

Le temps de l'observation

« Voici pourquoi le Père m'aime : parce que je donne ma vie, pour la recevoir de nouveau. » En quelques mots, Jésus décrit le cœur de ce qui fait sa relation avec son Père. La phrase exprime une confiance fondamentale dans le fait que Dieu rend la vie à celui qui la donne. Il n'est d'ailleurs pas précisé que celui qui la donne doit la donner à Dieu. Donner sa vie cela peut signifier beaucoup de choses comme participer, s'engager, être attentionné, dialoguer, prendre des risques, devenir un interlocuteur soucieux et présent. Contrairement à ce que l'on pourrait penser, offrir sa vie n'est pas un acte sacrificiel. Le geste décrit tout mouvement qui consiste à se donner, au sens où la personne offre au monde les compétences, les ressources, l'attention qu'elle est capable d'avoir. Jésus dévoile que ce don se change en un gain inattendu, inédit, par l'action de Dieu qui agit au cœur de nos relations.

Le temps de la méditation

Jésus lève le voile sur la relation qu'il entretient avec son Père et qui se joue dans un certain rapport à la vie. Cette relation est faite de confiance et de don ; chacun s'enrichit par ce qu'il offre. Cela ressemble à un paradoxe, mais en est-ce vraiment un ? Répondre à cette question suppose une certaine forme d'honnêteté et d'attention à notre vie. L'échange mystérieux dont parle Jésus est offert à toute personne qui le souhaite. D'emblée, il s'agit d'être vigilant et d'exclure de cette réalité toutes les attitudes perverses et mensongères qui singent et défigurent ce mouvement spirituel. Les faux pasteurs ne dévoilent pas cette réalité divine, mais profitent de la place centrale faite au don. Ceci dit, il est toujours instructif de regarder dans nos vies comment cet accroissement se met en place, où il se joue, comment la vie renouvelée se manifeste. Une observation précise et honnête permet d'accorder du crédit à la parole de Jésus.

Le temps de la prière

« Voici que je fais une chose nouvelle : elle germe déjà, ne la voyez-vous pas ? » (Is 43, 19) ■

Marie-Laure Durand,
biblecote

L'ÉVÉNEMENT

DIMANCHE 21 AVRIL 2024

Le dimanche des vocations

La Journée mondiale de prière pour les vocations a lieu le 4e dimanche de Pâques, dimanche dit « du Bon Pasteur ». À Seyssel (74), la paroisse Saint-Vincent-du-Haut-Rhône prépare cet événement depuis Noël.

Le 4e dimanche de Pâques, dimanche du Bon Pasteur, l'Église invite à prier pour que chaque baptisé trouve sa vocation. Du latin « *vocatum* » qui signifie « appelé », la vocation désigne le style de vie qu'un chrétien choisit pour suivre et imiter le Christ : mariage, vie consacrée, religieuse ou monastique, prêtrise… Ainsi, à Seyssel (74), le curé, Vincent Rossat, propose à ses paroissiens de prier « afin que les jeunes discernent leur vocation, le lieu où ils seront heureux. Et, pour ceux déjà engagés, afin qu'ils y restent fidèles ». Depuis Noël dernier, une valisette voyage de foyer en foyer dans chacune des quinze communautés du groupement paroissial Saint-Vincent-du-Haut-Rhône. Dans cette valisette, une statue réalisée par les sœurs de Bethléem représente Jésus portant une brebis sur ses épaules. « Cette brebis, c'est chacun de nous, explique le père Vincent. Le Bon Pasteur porte la brebis sur son épaule : il me connaît et me guide. » La statue est accompagnée d'un livre d'or pour recueillir les intentions de prière et d'un carnet avec une prière différente chaque jour pour tous les types de vocation. Pour conclure ces seize semaines de pèlerinage, les paroissiens sont invités à se rassembler dimanche 21 avril pour la messe dominicale, suivie d'un temps de partage et de témoignages de personnes mariées, prêtres, religieux… sous le patronage de François de Sales, saint patron du diocèse d'Annecy.

Parmi les paroissiens, Séverine Gasquet n'a pas hésité une seconde à s'inscrire dans la chaîne de prière. « On l'inclut à notre prière du soir », explique la mère de trois enfants de 8, 11 et 13 ans. Avant d'ajouter : « C'est important pour nous de prier pour les vocations, à l'heure où nos enfants grandissent et où la question des choix d'orientation se pose. Il s'agit de savoir ce à quoi Dieu nous appelle. » ■

Anne-Quitterie Jozeau,
journaliste

LA VOCATION, SOURCE DE VIE ET DE JOIE

« Chers frères et sœurs, la vocation est un don et une charge, une source de vie nouvelle et de joie véritable. Que les initiatives de prière et d'animation associées à cette Journée renforcent la conscience vocationnelle dans nos familles, dans les communautés paroissiales et dans les communautés de vie consacrée, dans les associations et dans les mouvements ecclésiaux. »

Pape François, extrait du message pour le 60e dimanche des vocations (2023)

Une prière *d'Yves Chamberland, pour ce dimanche*

Tous pasteurs

Béni sois-tu, Dieu notre Père !
Depuis toujours tu te soucies de ton peuple.
Par amour pour nous, tu nous as fait le don de ton Fils
pour que nous ayons la vie en abondance.
Béni sois-tu, Seigneur Jésus !
Tu es le bon pasteur, le vrai berger.
Tu nous connais par notre nom.
Tu nous appelles à devenir nous aussi des pasteurs
les uns pour les autres.
Apprends-nous, Seigneur, à nous faire proches
de ceux et celles qui cherchent le bonheur.
Apprends-nous à accomplir des gestes qui font grandir la vie.
Aide-nous à aller à la rencontre des autres,
de ceux et celles qui ne connaissent pas Dieu.
Apprends-nous à vivre selon l'Évangile,
à te suivre sur le chemin qui mène à la résurrection.

LUNDI 22 AVRIL 2024

4E SEMAINE DE PÂQUES COULEUR LITURGIQUE : BLANC

Temps pascal, *messe de la férie*

Antienne d'ouverture

Ressuscité d'entre les morts, le Christ ne meurt plus ;
sur lui, la mort n'a plus de pouvoir, alléluia. (Rm 6, 9)

Prière

Seigneur Dieu, parfaite lumière des bienheureux, tu nous as donné de célébrer sur la terre les mystères de Pâques ; nous t'en prions, accorde-nous la joie de ta grâce en plénitude dans les siècles éternels. Par Jésus… ***— Amen.***

Lecture

du livre des Actes des Apôtres (11, 1-18)

« Ainsi donc, même aux nations,
Dieu a donné la conversion qui fait entrer dans la vie ! »

En ces jours-là, les Apôtres et les frères qui étaient en Judée avaient appris que les nations, elles aussi, avaient reçu la parole de Dieu. Lorsque Pierre fut de retour à Jérusalem, ceux qui étaient juifs d'origine le prirent à partie, en disant : « Tu es entré chez des hommes qui ne sont pas circoncis, et tu as mangé avec eux ! » Alors Pierre reprit l'affaire depuis le commencement et leur exposa tout dans l'ordre, en disant : « J'étais dans la ville de Jaffa, en train de prier, et voici la vision que j'ai eue

dans une extase : c'était un objet qui descendait. On aurait dit une grande toile tenue aux quatre coins ; venant du ciel, elle se posa près de moi. Fixant les yeux sur elle, je l'examinai et je vis les quadrupèdes de la terre, les bêtes sauvages, les reptiles et les oiseaux du ciel. J'entendis une voix qui me disait : "Debout, Pierre, offre-les en sacrifice, et mange !" Je répondis : "Certainement pas, Seigneur ! Jamais aucun aliment interdit ou impur n'est entré dans ma bouche." Une deuxième fois, du haut du ciel la voix répondit : "Ce que Dieu a déclaré pur, toi, ne le déclare pas interdit." Cela se produisit par trois fois, puis tout fut remonté au ciel. Et voici qu'à l'instant même, devant la maison où j'étais, survinrent trois hommes qui m'étaient envoyés de Césarée. L'Esprit me dit d'aller avec eux sans hésiter. Les six frères qui sont ici m'ont accompagné, et nous sommes entrés chez le centurion Corneille. Il nous raconta comment il avait vu l'ange se tenir dans sa maison et dire : "Envoie quelqu'un à Jaffa pour chercher Simon surnommé Pierre. Celui-ci t'adressera des paroles par lesquelles tu seras sauvé, toi et toute ta maison." Au moment où je prenais la parole, l'Esprit Saint descendit sur ceux qui étaient là, comme il était descendu sur nous au commencement. Alors je me suis rappelé la parole que le Seigneur avait dite : "Jean a baptisé avec l'eau, mais vous, c'est dans l'Esprit Saint que vous serez baptisés." Et si Dieu leur a fait le même don qu'à nous, parce qu'ils ont cru au Seigneur Jésus Christ, qui étais-je, moi, pour empêcher l'action de Dieu ? » En entendant ces paroles, ils se calmèrent et ils rendirent gloire à Dieu, en disant : « Ainsi donc, même aux nations, Dieu a donné la conversion qui fait entrer dans la vie ! » – Parole du Seigneur.

Psaume 41 (42) ; 42 (43)

℟ ***Mon âme a soif de Dieu, le Dieu vivant.*** OU ***Alléluia !***

Comme un cerf altéré
cherche l'eau vive,
ainsi mon âme te cherche
toi, mon Dieu. ℟

Mon âme a soif de Dieu,
le Dieu vivant ;
quand pourrai-je m'avancer,
paraître face à Dieu ? ℟

Envoie ta lumière et ta vérité :
qu'elles guident mes pas
et me conduisent à ta montagne sainte,
jusqu'en ta demeure. ℟

J'avancerai jusqu'à l'autel de Dieu,
vers Dieu qui est toute ma joie ;
je te rendrai grâce avec ma harpe,
Dieu, mon Dieu. ℟

Acclamation de l'Évangile

Alléluia. Alléluia. Je suis le bon pasteur, dit le Seigneur ; je connais mes brebis et mes brebis me connaissent. ***Alléluia.***

Évangile de Jésus Christ

selon saint Jean (10, 1-10)

« Moi, je suis la porte des brebis »

En ce temps-là, Jésus déclara : « Amen, amen, je vous le dis : celui qui entre dans l'enclos des brebis sans passer par la porte, mais qui escalade par un autre endroit, celui-là est un voleur et un bandit. Celui qui entre par la porte, c'est le pasteur, le berger des brebis. Le portier lui ouvre,

et les brebis écoutent sa voix. Ses brebis à lui, il les appelle chacune par son nom, et il les fait sortir. Quand il a poussé dehors toutes les siennes, il marche à leur tête, et les brebis le suivent, car elles connaissent sa voix. Jamais elles ne suivront un étranger, mais elles s'enfuiront loin de lui, car elles ne connaissent pas la voix des étrangers. »
Jésus employa cette image pour s'adresser aux pharisiens, mais eux ne comprirent pas de quoi il leur parlait. C'est pourquoi Jésus reprit la parole : « Amen, amen, je vous le dis : Moi, je suis la porte des brebis. Tous ceux qui sont venus avant moi sont des voleurs et des bandits ; mais les brebis ne les ont pas écoutés. Moi, je suis la porte. Si quelqu'un entre en passant par moi, il sera sauvé ; il pourra entrer ; il pourra sortir et trouver un pâturage. Le voleur ne vient que pour voler, égorger, faire périr. Moi, je suis venu pour que les brebis aient la vie, la vie en abondance. »

Prière sur les offrandes

Accueille, nous t'en prions, Seigneur, les dons de ton Église en fête ; tu es pour elle à l'origine d'un si grand bonheur : qu'il s'épanouisse en joie éternelle. Par le Christ, notre Seigneur. — ***Amen.***

Préface du temps pascal, p. 215.

Antienne de la communion

Jésus, debout au milieu des disciples,
leur dit : « La paix soit avec vous »,
alléluia. (Jn 20, 19)

Prière après la communion
Regarde avec bonté, Seigneur, nous t'en prions, le peuple que tu as rénové par tes sacrements ; accorde-nous de parvenir à la vie incorruptible lorsque notre chair ressuscitera dans la gloire. Par le Christ, notre Seigneur. — ***Amen.***

INVITATION

« Mon âme a soif de Dieu. » Depuis combien de temps ne me suis-je pas réconcilié avec Jésus ?

COMMENTAIRE

Passer la porte Jean 10, 1-10

Connaître la voix du vrai berger, chacun y est appelé par son nom et nous y sommes appelés ensemble. Tous et chacun, non comme des moutons de panurge, mais dans la liberté de nos singularités ajustée à la communauté en marche. « Je suis la porte », dit Jésus, ouverte à la rencontre, comme une brèche, un passage, une Pâque, promesse de vie en abondance. Osons, sans peur, franchir la porte, il nous devance. ■

Colette Hamza, xavière

MARDI 23 AVRIL 2024

4e SEMAINE DE PÂQUES COULEUR LITURGIQUE : BLANC

Temps pascal, *messe de la férie*
ou **saint Adalbert de Prague**
ou **saint Georges**

Antienne d'ouverture

Soyons dans la joie, exultons, et rendons gloire à Dieu !
Il règne, le Seigneur notre Dieu, le Souverain de l'univers, alléluia. (Ap 19, 7.6)

Prière

Dieu tout-puissant, nous t'en prions : alors que nous célébrons le mystère de la résurrection du Seigneur, accorde-nous d'accueillir la joie de notre rédemption. Lui qui… *— **Amen.***

Lecture

du livre des Actes des Apôtres (11, 19-26)

« Certains s'adressaient aux gens de langue grecque pour leur annoncer la Bonne Nouvelle »

En ces jours-là, les frères dispersés par la tourmente qui se produisit lors de l'affaire d'Étienne allèrent jusqu'en Phénicie, puis à Chypre et Antioche, sans annoncer la Parole à personne d'autre qu'aux Juifs. Parmi eux, il y en avait qui étaient originaires de Chypre et de Cyrène, et qui, en arrivant à Antioche, s'adressaient aussi aux gens de langue grecque pour leur annoncer la Bonne Nouvelle : Jésus est le Seigneur. La main du Seigneur était avec eux : un grand nombre de

gens devinrent croyants et se tournèrent vers le Seigneur. La nouvelle parvint aux oreilles de l'Église de Jérusalem, et l'on envoya Barnabé jusqu'à Antioche. À son arrivée, voyant la grâce de Dieu à l'œuvre, il fut dans la joie. Il les exhortait tous à rester d'un cœur ferme attachés au Seigneur. C'était en effet un homme de bien, rempli d'Esprit Saint et de foi. Une foule considérable s'attacha au Seigneur. Barnabé partit alors à Tarse chercher Saul. L'ayant trouvé, il l'amena à Antioche. Pendant toute une année, ils participèrent aux assemblées de l'Église, ils instruisirent une foule considérable. Et c'est à Antioche que, pour la première fois, les disciples reçurent le nom de « chrétiens ». – Parole du Seigneur.

Psaume 86 (87)

℟ ***Louez le Seigneur, tous les peuples !***
OU ***Alléluia !***

Elle est fondée sur les montagnes saintes.
Le Seigneur aime les portes de Sion
plus que toutes les demeures de Jacob.
Pour ta gloire on parle de toi, ville de Dieu ! ℟

« Je cite l'Égypte et Babylone
entre celles qui me connaissent. »
Voyez Tyr, la Philistie, l'Éthiopie :
chacune est née là-bas.

Mais on appelle Sion : « Ma mère ! »
car en elle, tout homme est né.
C'est lui, le Très-Haut, qui la maintient. ℟

Au registre des peuples, le Seigneur écrit :
« Chacun est né là-bas. »
Tous ensemble ils dansent,
et ils chantent :
« En toi, toutes nos sources ! » ℟

Acclamation de l'Évangile

Alléluia. Alléluia. Mes brebis écoutent ma voix, dit le Seigneur ; moi, je les connais, et elles me suivent. ***Alléluia.***

Évangile de Jésus Christ

selon saint Jean (10, 22-30)

« Le Père et moi, nous sommes UN »

On célébrait la fête de la dédicace du Temple à Jérusalem. C'était l'hiver. Jésus allait et venait dans le Temple, sous la colonnade de Salomon. Les Juifs firent cercle autour de lui ; ils lui disaient : « Combien de temps vas-tu nous tenir en haleine ? Si c'est toi le Christ, dis-le nous ouvertement ! » Jésus leur répondit : « Je vous l'ai dit, et vous ne croyez pas. Les œuvres que je fais, moi, au nom de mon Père, voilà ce qui me rend témoignage. Mais vous, vous ne croyez pas, parce que vous n'êtes pas de mes brebis. Mes brebis écoutent ma voix ; moi, je les connais, et elles me suivent. Je leur donne la vie éternelle : jamais elles ne périront, et personne ne les arrachera de ma main. Mon Père, qui me les a données, est plus grand que tout, et personne ne peut les arracher de la main du Père. Le Père et moi, nous sommes UN. »

Prière sur les offrandes

Donne-nous, Seigneur, nous t'en prions, de toujours te rendre grâce par ces mystères de Pâques ; qu'ils continuent l'œuvre de notre relèvement et deviennent pour nous une source intarissable de joie. Par le Christ, notre Seigneur. ***— Amen.***

Préface du temps pascal, p. 215.

Antienne de la communion
Il fallait que le Christ connaisse la souffrance et ressuscite d'entre les morts pour entrer dans sa gloire, alléluia. (cf. Lc 24, 46.26)

Prière après la communion
Écoute nos prières, Seigneur : que cet échange très saint où l'homme est racheté nous soutienne durant la vie présente et nous procure les joies éternelles. Par le Christ, notre Seigneur.
— Amen.

INVITATION
Dans ma prière d'aujourd'hui, je confie au Père ceux qui attendent la guérison et les personnes qui les accompagnent.

COMMENTAIRE
De l'hiver au printemps Jean 10, 22-30

« Si c'est toi le Christ, dis-le nous ouvertement », demandent des Juifs. Mais sont-ils prêts à entendre la réponse ? Leurs oreilles et leurs yeux sont voilés. C'était l'hiver, dit le texte, l'hiver dans les cœurs. Pour reconnaître en Jésus le Christ, il faut remonter au printemps des origines et reconnaître dans sa voix la Parole créatrice du Dieu qui nous met au monde. « Le Père et moi, nous sommes UN. » ■

Colette Hamza, xavière

MERCREDI 24 AVRIL 2024

4e SEMAINE DE PÂQUES COULEUR LITURGIQUE : BLANC

Temps pascal, *messe de la férie*
ou **saint Fidèle de Sigmaringen**

Antienne d'ouverture

Je te rendrai grâce parmi les peuples, Seigneur;
je proclamerai ton nom devant mes frères, alléluia. (Ps 17, 50; 21, 23)

Prière

Seigneur Dieu, tu es la vie de tes fidèles, la gloire des humbles et le bonheur des justes; dans ta bienveillance, écoute ceux qui te prient : ils ont soif des biens que tu promets, comble-les toujours de l'abondance de ta grâce. Par Jésus… ***— Amen.***

Lecture

du livre des Actes des Apôtres (12, 24 – 13, 5)

« Mettez à part pour moi Barnabé et Saul »

En ces jours-là, la parole de Dieu était féconde et se multipliait. Barnabé et Saul, une fois leur service accompli en faveur de Jérusalem, s'en retournèrent à Antioche, en prenant avec eux Jean surnommé Marc. Or il y avait dans l'Église qui était à Antioche des prophètes et des hommes chargés d'enseigner : Barnabé, Syméon appelé Le Noir, Lucius de Cyrène, Manahène, compagnon d'enfance d'Hérode le Tétrarque, et Saul. Un jour qu'ils célébraient le culte du Seigneur et qu'ils jeûnaient, l'Esprit Saint leur dit : « Mettez à part pour moi Barnabé

et Saul en vue de l'œuvre à laquelle je les ai appelés. » Alors, après avoir jeûné et prié, et leur avoir imposé les mains, ils les laissèrent partir. Eux donc, envoyés par le Saint-Esprit, descendirent à Séleucie et de là s'embarquèrent pour Chypre ; arrivés à Salamine, ils annonçaient la parole de Dieu dans les synagogues des Juifs. Ils avaient Jean-Marc comme auxiliaire.

– Parole du Seigneur.

Psaume 66 (67)

℟ ***Que les peuples, Dieu, te rendent grâce ; qu'ils te rendent grâce tous ensemble !***
OU ***Alléluia !***

Que Dieu nous prenne en grâce
et nous bénisse,
que son visage s'illumine pour nous ;
et ton chemin sera connu sur la terre,
ton salut, parmi toutes les nations. ℟

Que les nations chantent leur joie,
car tu gouvernes le monde avec justice ;
tu gouvernes les peuples
avec droiture,
sur la terre, tu conduis les nations. ℟

La terre a donné son fruit ;
Dieu, notre Dieu, nous bénit.
Que Dieu nous bénisse,
et que la terre tout entière l'adore ! ℟

Acclamation de l'Évangile

Alléluia. Alléluia. Moi, je suis la lumière du monde, dit le Seigneur. Celui qui me suit aura la lumière de la vie. ***Alléluia.***

Évangile de Jésus Christ

selon saint Jean (12, 44-50)

« Moi qui suis la lumière, je suis venu dans le monde »

En ce temps-là, Jésus s'écria : « Celui qui croit en moi, ce n'est pas en moi qu'il croit, mais en Celui qui m'a envoyé ; et celui qui me voit voit Celui qui m'a envoyé. Moi qui suis la lumière, je suis venu dans le monde pour que celui qui croit en moi ne demeure pas dans les ténèbres. Si quelqu'un entend mes paroles et n'y reste pas fidèle, moi, je ne le juge pas, car je ne suis pas venu juger le monde, mais le sauver. Celui qui me rejette et n'accueille pas mes paroles aura, pour le juger, la parole que j'ai prononcée : c'est elle qui le jugera au dernier jour. Car ce n'est pas de ma propre initiative que j'ai parlé : le Père lui-même, qui m'a envoyé, m'a donné son commandement sur ce que je dois dire et déclarer ; et je sais que son commandement est vie éternelle. Donc, ce que je déclare, je le déclare comme le Père me l'a dit. »

Prière sur les offrandes

Seigneur notre Dieu, dans l'admirable échange du sacrifice eucharistique, tu nous fais participer à ton unique et souveraine divinité ; nous avons reçu la connaissance de ta vérité : accorde-nous de lui être fidèles par toute notre vie. Par le Christ, notre Seigneur. **— *Amen.***

Préface du temps pascal, p. 215.

Antienne de la communion

Je vous ai choisis en vous prenant dans le monde, dit le Seigneur, afin que vous alliez, que vous portiez du fruit et que votre fruit demeure, alléluia.

(Jn 15, 19.16)

Prière après la communion

Dans ta bienveillance, reste auprès de ton peuple, nous t'en prions, Seigneur ; puisque tu l'as initié aux sacrements du ciel, fais-le passer de ce qui est ancien à la vie nouvelle. Par le Christ, notre Seigneur. ***— Amen.***

INVITATION

Comme Barnabé et Saul, l'Esprit Saint m'appelle sans doute à une mission particulière. En ai-je conscience ?

COMMENTAIRE

Il n'a que lui à offrir

Jean 12, 44-50

« Jésus l'homme qui vient de Dieu », écrivait le père Joseph Moingt. Un pauvre qui se reçoit du Père et qui n'a que lui-même à offrir : sa parole, sa manière d'être au monde sans jugement, lumière pour éclairer nos pas hésitants. Ainsi, il nous montre ce que croire veut dire : se recevoir d'un autre et lui laisser toute la place. Par nos vies tournées vers lui, devenons avec le Christ icônes du Père. ■ ***Colette Hamza, xavière***

JEUDI 25 AVRIL 2024

COULEUR LITURGIQUE : ROUGE

Saint Marc

Ier siècle. Évangéliste, compagnon de voyage de saint Paul, puis de saint Pierre. Il aurait fondé l'Église d'Alexandrie où il serait mort martyr.

Antienne d'ouverture

Allez dans le monde entier, dit le Seigneur ;
proclamez l'Évangile à toute la création, alléluia. (Mc 16, 15)

Gloire à Dieu *(p. 211)*

Prière

Seigneur Dieu, tu as accordé au bienheureux Marc, ton évangéliste, l'honneur et la grâce de proclamer la Bonne Nouvelle ; fais-nous profiter de son enseignement pour que nous marchions dans la foi sur les traces du Christ. Lui qui… ***– Amen.***

Lectures propres à la fête de saint Marc.

Lecture

de la première lettre de saint Pierre apôtre (5, 5b-14)

« Marc, mon fils, vous salue »

Bien-aimés, vous tous, les uns envers les autres, prenez l'humilité comme tenue de service. En effet, *Dieu s'oppose aux orgueilleux, aux humbles il accorde sa grâce.* Abaissez-vous donc sous la main puissante de Dieu, pour qu'il vous élève en temps voulu. Déchargez-vous sur lui de tous vos soucis, puisqu'il prend soin de vous. Soyez sobres, veillez : votre adversaire, le diable, comme un lion rugissant, rôde, cherchant qui dévorer.

Résistez-lui avec la force de la foi, car vous savez que tous vos frères, de par le monde, sont en butte aux mêmes souffrances. Après que vous aurez souffert un peu de temps, le Dieu de toute grâce, lui qui, dans le Christ Jésus, vous a appelés à sa gloire éternelle, vous rétablira lui-même, vous affermira, vous fortifiera, vous rendra inébranlables. À lui la souveraineté pour les siècles. Amen. Par Silvain, que je considère comme un frère digne de confiance, je vous écris ces quelques mots pour vous exhorter, et pour attester que c'est vraiment dans la grâce de Dieu que vous tenez ferme. La communauté qui est à Babylone, choisie comme vous par Dieu, vous salue, ainsi que Marc, mon fils. Saluez-vous les uns les autres par un baiser fraternel. Paix à vous tous, qui êtes dans le Christ. – Parole du Seigneur.

Psaume 88 (89)

℟ ***Ton amour, Seigneur, sans fin je le chante !***
OU ***Alléluia !***

L'amour du Seigneur, sans fin je le chante ;
ta fidélité, je l'annonce d'âge en âge.
Je le dis : C'est un amour bâti pour toujours ;
ta fidélité est plus stable que les cieux. ℟

Que les cieux rendent grâce
pour ta merveille, Seigneur,
et l'assemblée des saints,
pour ta fidélité.

Qui donc, là-haut, est comparable
au Seigneur ?
Qui d'entre les dieux est semblable
au Seigneur ? ℟

Heureux le peuple qui connaît l'ovation !
Seigneur, il marche à la lumière de ta face ;
tout le jour, à ton nom il danse de joie,
fier de ton juste pouvoir. ℟

Acclamation de l'Évangile

Alléluia. Alléluia. Nous proclamons un Messie crucifié, il est puissance de Dieu et sagesse de Dieu. ***Alléluia.***

Évangile de Jésus Christ

selon saint Marc (16, 15-20)

« Proclamez l'Évangile à toute la création »

En ce temps-là, Jésus ressuscité se manifesta aux onze Apôtres et leur dit : « Allez dans le monde entier. Proclamez l'Évangile à toute la création. Celui qui croira et sera baptisé sera sauvé ; celui qui refusera de croire sera condamné.

« Voici les signes qui accompagneront ceux qui deviendront croyants : en mon nom, ils expulseront les démons ; ils parleront en langues nouvelles ; ils prendront des serpents dans leurs mains et, s'ils boivent un poison mortel, il ne leur fera pas de mal ; ils imposeront les mains aux malades, et les malades s'en trouveront bien. »

Le Seigneur Jésus, après leur avoir parlé, fut enlevé au ciel et s'assit à la droite de Dieu. Quant à eux, ils s'en allèrent proclamer partout l'Évangile. Le Seigneur travaillait avec eux et confirmait la Parole par les signes qui l'accompagnaient.

Prière sur les offrandes

Pour célébrer la gloire du bienheureux Marc, nous t'offrons, Seigneur, le sacrifice de louange, et nous te supplions humblement : que l'Évangile ne cesse jamais d'être proclamé dans ton Église. Par le Christ, notre Seigneur. ***— Amen.***

2e préface des Apôtres, p. 217

Antienne de la communion

Je suis avec vous tous les jours,
dit le Seigneur,
jusqu'à la fin du monde, alléluia.
(Mt 28, 20)

Prière après la communion

Nous t'en prions, Dieu tout-puissant : que les biens reçus à ton autel nous sanctifient ; qu'ils nous rendent plus forts dans la foi à l'Évangile que le bienheureux Marc a proclamé. Par le Christ, notre Seigneur. — ***Amen.***

INVITATION

Comme Pierre nous y invite, je prends un temps pour me décharger sur Dieu de tous mes soucis.

COMMENTAIRE

Il y a urgence !

Marc 16, 15-20

C'est à toute la Création que Jésus envoie ses disciples proclamer l'Évangile. Il y a comme une urgence à guérir, à réconcilier, à relier la Création, à se faire gardien de la terre sans s'en croire propriétaire, gardien de ses frères et sœurs sans vouloir s'en faire les maîtres. Allons sans peur, nous ferons des merveilles dans cette langue nouvelle qui retisse les relations avec la terre et tout le vivant. ■

***Colette Hamza**, xavière*

21 - 27

VENDREDI 26 AVRIL 2024

4E SEMAINE DE PÂQUES COULEUR LITURGIQUE : BLANC

Temps pascal, *messe de la férie*

Antienne d'ouverture

Tu nous as rachetés par ton sang, Seigneur, de toute tribu,
langue, peuple et nation : tu as fait de nous
pour notre Dieu un royaume et des prêtres, alléluia. (cf. Ap 5, 9-10)

Prière

Seigneur Dieu, à toi nous devons le salut et la liberté ; écoute la voix de ceux qui te supplient ; tu les as rachetés par le sang de ton Fils : qu'ils puissent vivre de toi et se réjouir de trouver en toi un abri pour toujours. Par Jésus… ***— Amen.***

Lecture

du livre des Actes des Apôtres (13, 26-33)

« La promesse, Dieu l'a pleinement accomplie en ressuscitant Jésus »

En ces jours-là, Paul vint à Antioche de Pisidie. Dans la synagogue, il disait : « Vous, frères, les fils de la lignée d'Abraham et ceux parmi vous qui craignent Dieu, c'est à nous que la parole du salut a été envoyée. En effet, les habitants de Jérusalem et leurs chefs ont méconnu Jésus, ainsi que les paroles des prophètes qu'on lit chaque sabbat ; or, en le jugeant, ils les ont accomplies. Sans avoir trouvé en lui aucun motif de condamnation à mort, ils ont demandé à Pilate qu'il soit supprimé. Et, après avoir

accompli tout ce qui était écrit de lui, ils l'ont descendu du bois de la croix et mis au tombeau. Mais Dieu l'a ressuscité d'entre les morts. Il est apparu pendant bien des jours à ceux qui étaient montés avec lui de Galilée à Jérusalem, et qui sont maintenant ses témoins devant le peuple. Et nous, nous vous annonçons cette Bonne Nouvelle : la promesse faite à nos pères, Dieu l'a pleinement accomplie pour nous, leurs enfants, en ressuscitant Jésus, comme il est écrit au psaume deux : *Tu es mon fils ; moi, aujourd'hui, je t'ai engendré.* »
– Parole du Seigneur.

Psaume 2

℟ ***Tu es mon fils ; moi, aujourd'hui, je t'ai engendré.***
OU ***Alléluia !***

Pourquoi ce tumulte des nations,
ce vain murmure des peuples ?
Le Seigneur m'a dit : « Tu es mon fils ;
moi, aujourd'hui, je t'ai engendré. ℟

« Demande, et je te donne en héritage
les nations,
pour domaine la terre tout entière.
Tu les détruiras de ton sceptre de fer,
tu les briseras comme un vase de potier. » ℟

Maintenant, rois, comprenez,
reprenez-vous, juges de la terre.
Servez le Seigneur avec crainte,
rendez-lui votre hommage en tremblant. ℟

Acclamation de l'Évangile

Alléluia. Alléluia. Moi, je suis le Chemin, la Vérité et la Vie, dit le Seigneur. Personne ne va vers le Père sans passer par moi. ***Alléluia.***

Évangile de Jésus Christ

selon saint Jean (14, 1-6)

« Moi, je suis le Chemin, la Vérité et la Vie »

En ce temps-là, Jésus disait à ses disciples : « Que votre cœur ne soit pas bouleversé : vous croyez en Dieu, croyez aussi en moi. Dans la maison de mon Père, il y a de nombreuses demeures ; sinon, vous aurais-je dit : "Je pars vous préparer une place" ? Quand je serai parti vous préparer une place, je reviendrai et je vous emmènerai auprès de moi, afin que là où je suis, vous soyez, vous aussi. Pour aller où je vais, vous savez le chemin. »

Thomas lui dit : « Seigneur, nous ne savons pas où tu vas. Comment pourrions-nous savoir le chemin ? »

Jésus lui répond : « Moi, je suis le Chemin, la Vérité et la Vie ; personne ne va vers le Père sans passer par moi. »

Prière sur les offrandes

Reçois avec bonté les offrandes de ta famille, nous t'en prions, Seigneur, garde-la sous ta protection : qu'elle ne perde aucun des bienfaits déjà reçus, et parvienne aux dons éternels. Par le Christ, notre Seigneur. ***— Amen.***

Préface du temps pascal, p. 215.

Antienne de la communion
Le Christ, notre Seigneur,
livré pour nos fautes,
est ressuscité pour nous rendre justes,
alléluia.
(cf. Rm 4, 25)

Prière après la communion
Nous t'en prions, Seigneur, ne cesse pas de protéger avec tendresse ceux que tu as sauvés : la passion de ton Fils les a rachetés, qu'ils trouvent leur joie dans sa résurrection. Lui qui… ***— Amen.***

INVITATION

Je choisis une phrase à méditer dans les textes du jour.
Elle m'accompagnera tout au long de ma journée.

COMMENTAIRE

Le Christ est notre GPS

Jean 14, 1-6

Qu'elle est douce la sollicitude du Christ pour ses disciples ! « Ne soyez pas bouleversés. » Entendons cette parole aujourd'hui, dans tout ce qui bouleverse nos vies, dans tous nos questionnements. Car, nous non plus, souvent, nous ne savons pas le chemin. Peu importe de ne pas savoir, il suffit de se mettre en marche. « Je suis le Chemin », il suffit d'être en mouvement. C'est cela vivre, cheminant vers la vérité. ■

Colette Hamza, xavière

SAMEDI 27 AVRIL 2024

4E SEMAINE DE PÂQUES COULEUR LITURGIQUE : BLANC

Temps pascal, *messe de la férie*

Antienne d'ouverture

Peuple racheté par Dieu, vous tous,
annoncez les merveilles de celui qui vous a appelés des ténèbres
à son admirable lumière, alléluia.
(cf. 1 P 2, 9)

Prière

Seigneur Dieu, durant ces fêtes pascales, tu procures au monde, dans ta bonté, les secours venant du ciel ; que ton pardon accompagne l'Église, afin que par sa conduite en ce temps elle progresse vers la vie éternelle. Par Jésus… ***— Amen.***

Lecture

du livre des Actes des Apôtres (13, 44-52)

« Eh bien ! nous nous tournons vers les nations païennes »

Le sabbat qui suivait la première prédication de Paul à Antioche de Pisidie, presque toute la ville se rassembla pour entendre la parole du Seigneur. Quand les Juifs virent les foules, ils s'enflammèrent de jalousie ; ils contredisaient les paroles de Paul et l'injuriaient. Paul et Barnabé leur déclarèrent avec assurance : « C'est à vous d'abord qu'il était nécessaire d'adresser la parole de Dieu. Puisque vous la rejetez et que vous-mêmes ne

vous jugez pas dignes de la vie éternelle, eh bien ! nous nous tournons vers les nations païennes. C'est le commandement que le Seigneur nous a donné : *J'ai fait de toi la lumière des nations pour que, grâce à toi, le salut parvienne jusqu'aux extrémités de la terre.* » En entendant cela, les païens étaient dans la joie et rendaient gloire à la parole du Seigneur ; tous ceux qui étaient destinés à la vie éternelle devinrent croyants. Ainsi la parole du Seigneur se répandait dans toute la région.
Mais les Juifs provoquèrent l'agitation parmi les femmes de qualité adorant Dieu, et parmi les notables de la cité ; ils se mirent à poursuivre Paul et Barnabé, et les expulsèrent de leur territoire. Ceux-ci secouèrent contre eux la poussière de leurs pieds et se rendirent à Iconium, tandis que les disciples étaient remplis de joie et d'Esprit Saint. – Parole du Seigneur.

Psaume 97 (98)

℟ ***La terre tout entière a vu le salut que Dieu nous donne.***
OU ***Alléluia !***

Chantez au Seigneur un chant nouveau,
car il a fait des merveilles ;
par son bras très saint, par sa main puissante,
il s'est assuré la victoire. ℟

Le Seigneur a fait connaître sa victoire,
et révélé sa justice aux nations ;
il s'est rappelé sa fidélité, son amour,
en faveur de la maison d'Israël. ℟

La terre tout entière a vu
la victoire de notre Dieu.
Acclamez le Seigneur, terre entière,
sonnez, chantez, jouez ! ℟

Acclamation de l'Évangile

Alléluia. Alléluia. Si vous demeurez dans ma parole, vous êtes vraiment mes disciples ; alors vous connaîtrez la vérité, dit le Seigneur. ***Alléluia.***

Évangile de Jésus Christ

selon saint Jean (14, 7-14)

« Celui qui m'a vu a vu le Père »

En ce temps-là, Jésus disait à ses disciples : « Puisque vous me connaissez, vous connaîtrez aussi mon Père. Dès maintenant vous le connaissez, et vous l'avez vu. » Philippe lui dit : « Seigneur, montre-nous le Père ; cela nous suffit. » Jésus lui répond : « Il y a si longtemps que je suis avec vous, et tu ne me connais pas, Philippe ! Celui qui m'a vu* a vu le Père. Comment peux-tu dire : "Montre-nous le Père" ? Tu ne crois donc pas que je suis dans le Père et que le Père est en moi ! Les paroles que je vous dis, je ne les dis pas de moi-même ; le Père qui demeure en moi fait ses propres œuvres. Croyez-moi : je suis dans le Père, et le Père est en moi ; si vous ne me croyez pas, croyez du moins à cause des œuvres elles-mêmes.

« Amen, amen, je vous le dis : celui qui croit en moi fera les œuvres que je fais. Il en fera même de plus grandes, parce que je pars vers le Père, et tout ce que vous demanderez en mon nom, je le ferai, afin que le Père soit glorifié dans le Fils. Quand vous me demanderez quelque chose en mon nom, moi, je le ferai. »

Prière sur les offrandes

Dans ta bonté, sanctifie ces dons, nous t'en prions, Seigneur ; accepte le sacrifice spirituel que nous t'offrons, et fais de nous-mêmes une éternelle offrande pour toi. Par le Christ, notre Seigneur. **— *Amen.***

Préface du temps pascal, p. 215.

Antienne de la communion

Père, ceux que tu m'as donnés,
je veux que là où je suis, ils soient
eux aussi avec moi,
et qu'ils contemplent ma gloire,
celle que tu m'as donnée, alléluia.
(Jn 17, 24)

Prière après la communion

Seigneur, nous avons reçu les dons qui nous ont fait participer aux saints mystères, et nous te prions humblement : ton Fils nous a demandé de les célébrer en mémoire de lui, qu'ils augmentent en nous la charité. Par le Christ, notre Seigneur. **— *Amen.***

INVITATION

Je confie au Seigneur le ministère du ou des prêtres de ma paroisse.

COMMENTAIRE

À hauteur de visage

Jean 14, 7-14

« Montre-nous le Père. » Il est beau ce désir de Philippe ! Mais, paradoxalement, il l'aveugle sur ce qu'il voit. Il ne sait pas encore regarder à hauteur de visage, regarder ce Dieu qui s'offre à sa contemplation à travers le visage de Jésus et de ce qu'il accomplit. Philippe veut voir ; Jésus l'invite, et nous aussi, à croire aux signes d'une présence. Il nous fait une promesse : nous participerons à l'œuvre de Dieu. ■

Colette Hamza, xavière

✲ CLÉ DE LECTURE

« Qui m'a vu »

Jean 14, 9 *(p. 178)*

C'était l'espérance du psalmiste – « Ne nous cache pas ta face ! » (Ps 26 [27], 9) – reprise dans les targums comme aspiration à la vision de Dieu à la fin des temps. Mais Philippe ne veut pas attendre ; dans une belle intuition, il demande à voir Dieu comme père de Jésus et de tous les humains. Jésus lui répond en le ramenant au moment présent : le connaître, lui, Jésus, c'est connaître le Père. Pourtant, le verbe utilisé dans« qui m'a vu » est une forme particulière, caractéristique des premières affirmations de la Résurrection (Paul dira : « N'ai-je pas vu le Seigneur ? »). Et Jésus précise encore : pour voir le Père en lui et lui dans le Père, il faut croire, regarder avec les yeux de la foi. Il s'agit d'accepter, dans la foi, de voir l'invisible. ■

Roselyne Dupont-Roc, bibliste

DIMANCHE 28 AVRIL 2024

5E DIMANCHE DE PÂQUES

ANNÉE B – COULEUR LITURGIQUE : BLANC

« Celui qui demeure en moi et en qui je demeure, porte beaucoup de fruit. » C'est une illusion de penser que nous pouvons, seuls, porter des fruits de sainteté. Détachés de la vigne, les sarments deviennent secs et meurent. De même, si nous ne sommes pas reliés au Ressuscité, nous ne pouvons pas être témoins de son amour. Aujourd'hui, soignons notre relation au Christ.

RITES INITIAUX

Chant d'entrée *(Suggestions p. 239)*

ou

Antienne d'ouverture

Chantez au Seigneur un chant nouveau, car il a fait des merveilles; aux nations, il a révélé sa justice, alléluia. (cf. Ps 97, 1-2)

Suggestion de préparation pénitentielle *(ou p. 208)*

L'amour du Seigneur agit au-dedans de nous, au-delà de ce que nous pouvons imaginer. Humblement, reconnaissons notre péché et implorons le pardon de notre Dieu.

Seigneur Jésus, tu es plus grand que notre cœur, Seigneur, prends pitié.

— Seigneur, prends pitié.

Ô Christ, tu nous invites à vivre en vérité, ô Christ, prends pitié.

— Ô Christ, prends pitié.

Seigneur, tu nous commandes de nous aimer les uns les autres, Seigneur, prends pitié.

— Seigneur, prends pitié.

Que Dieu tout-puissant nous fasse miséricorde; qu'il nous pardonne nos péchés et nous conduise à la vie éternelle. ***— Amen.***

Gloire à Dieu *(p. 211)*

Prière

Dieu éternel et tout-puissant, continue d'accomplir en nous le mystère pascal; soutiens et protège ceux que tu as voulu renouveler dans le saint baptême : qu'ils portent beaucoup de fruits et parviennent aux joies de la vie éternelle. Par Jésus… ***—Amen.***

LITURGIE DE LA PAROLE

Lecture du livre des Actes des Apôtres (9, 26-31)

« Barnabé leur raconta comment, sur le chemin, Saul avait vu le Seigneur »

En ces jours-là, arrivé à Jérusalem, Saul cherchait à se joindre aux disciples, mais tous avaient peur de lui, car ils ne croyaient pas que lui aussi était un disciple. Alors Barnabé le prit avec lui et le présenta aux Apôtres; il leur raconta comment, sur le chemin, Saul avait vu le Seigneur, qui lui avait parlé, et comment, à Damas, il s'était exprimé avec assurance au nom de Jésus. Dès lors, Saul allait et venait dans Jérusalem avec eux, s'exprimant avec assurance au nom du Seigneur. Il parlait aux Juifs de langue grecque, et discutait avec eux. Mais ceux-ci cherchaient à le supprimer. Mis au courant, les frères l'accompagnèrent jusqu'à Césarée et le firent partir pour Tarse. L'Église était en paix dans toute la Judée, la Galilée et la Samarie; elle se construisait et elle marchait dans la crainte du Seigneur; réconfortée par l'Esprit Saint, elle se multipliait.

– Parole du Seigneur.

Psaume 21 (22)

℟ ***Tu seras ma louange, Seigneur, dans la grande assemblée.***

OU ***Alléluia !***

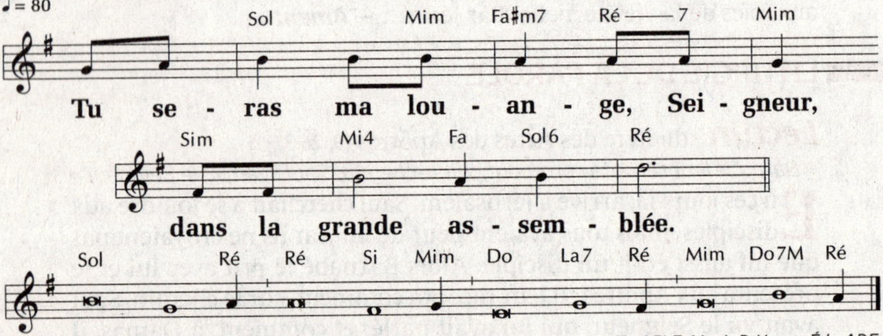

T. : AELF; M. : J.-P. Hervy; Éd. : ADF.

Devant ceux qui te craignent, je tiendrai mes promesses.
Les pauvres mangeront : ils seront rassasiés ;
ils loueront le Seigneur, ceux qui le cherchent :
« À vous, toujours, la vie et la joie ! » ℟

La terre entière se souviendra et reviendra vers le Seigneur,
chaque famille de nations se prosternera devant lui :
« Oui, au Seigneur la royauté,
le pouvoir sur les nations ! » ℟

Retrouvez ce psaume sur le CD "Les psaumes de l'année B"

Et moi, je vis pour lui : ma descendance le servira ;
on annoncera le Seigneur aux générations à venir.
On proclamera sa justice au peuple qui va naître :
Voilà son œuvre ! ℟

Lecture de la première lettre de saint Jean (3, 18-24)

« Voici son commandement : mettre notre foi dans le nom de Jésus Christ et nous aimer les uns les autres »

Petits enfants, n'aimons pas en paroles ni par des discours, mais par des actes et en vérité. Voilà comment nous reconnaîtrons que nous appartenons à la vérité, et devant Dieu nous apaiserons notre cœur ; car si notre cœur nous accuse, Dieu est plus grand que notre cœur, et il connaît toutes choses.
Bien-aimés, si notre cœur ne nous accuse pas, nous avons de l'assurance devant Dieu. Quoi que nous demandions à Dieu, nous le recevons de lui, parce que nous gardons ses commandements, et que nous faisons ce qui est agréable à ses yeux. Or, voici son commandement : mettre notre foi dans le nom de son Fils Jésus Christ, et nous aimer les uns les autres comme il nous l'a commandé. Celui qui garde ses commandements demeure en Dieu, et Dieu en lui ; et voilà comment nous reconnaissons qu'il demeure en nous, puisqu'il nous a donné part à son Esprit.
– Parole du Seigneur.

Acclamation de l'Évangile

Alléluia. Alléluia. Demeurez en moi, comme moi en vous, dit le Seigneur ; celui qui demeure en moi porte beaucoup de fruit. ***Alléluia.***

T. : AELF; M. : P. Robert.

Évangile de Jésus Christ selon saint Jean (15, 1-8)

« Celui qui demeure en moi et en qui je demeure,
celui-là porte beaucoup de fruit »

En ce temps-là, Jésus disait à ses disciples : « Moi, je suis la vraie vigne, et mon Père est le vigneron. Tout sarment qui est en moi, mais qui ne porte pas de fruit, mon Père l'enlève ; tout sarment qui porte du fruit, il le purifie en le taillant, pour qu'il en porte

davantage. Mais vous, déjà vous voici purifiés grâce à la parole que je vous ai dite. Demeurez en moi, comme moi en vous. De même que le sarment ne peut pas porter de fruit par lui-même s'il ne demeure pas sur la vigne, de même vous non plus, si vous ne demeurez pas en moi.
« Moi, je suis la vigne, et vous, les sarments. Celui qui demeure en moi et en qui je demeure, celui-là porte beaucoup de fruit, car, en dehors de moi, vous ne pouvez rien faire. Si quelqu'un ne demeure pas en moi, il est, comme le sarment, jeté dehors, et il se dessèche. Les sarments secs, on les ramasse, on les jette au feu, et ils brûlent. Si vous demeurez en moi, et que mes paroles demeurent en vous, demandez tout ce que vous voulez, et cela se réalisera pour vous. Ce qui fait la gloire de mon Père, c'est que vous portiez beaucoup de fruit et que vous soyez pour moi des disciples. »

Homélie

Profession de foi (p. 212)

Suggestion de prière universelle

Le prêtre :

C'est à l'amour que nous avons les uns pour les autres que l'on peut nous reconnaître comme enfants du même Père. Avec confiance, prions ce Dieu d'amour pour tous les hommes et toutes les femmes.

℟ ***Souviens-toi, Seigneur, de ton amour !***

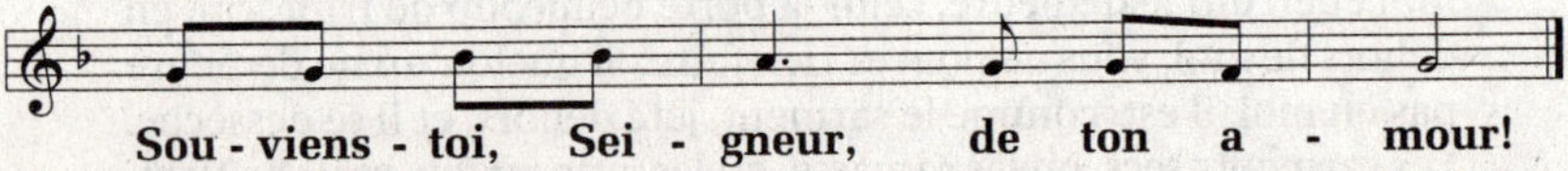

T. et M. : J. Gelineau.

Le diacre ou un lecteur :

Pour les femmes engagées dans l'Église et dans la société, avec le pape François, prions le Seigneur. ℟

Pour les personnes qui demeurent auprès des malades à l'hôpital ou des mourants en soins palliatifs, prions le Seigneur. ℟

Pour celles et ceux qui exercent une autorité politique ou religieuse et qui travaillent à restaurer la justice partout où la guerre fait rage, prions le Seigneur. ℟

Pour les personnes rejetées, exclues, sans papiers, sans domicile fixe, pour les chrétiens qui se mettent à leur service, prions le Seigneur. ℟

(Ces intentions seront adaptées ou modifiées selon les circonstances.)

Le prêtre :
Père très bon, en ce jour où l'Église célèbre la résurrection de ton Fils, lui la vraie vigne, exauce nos prières et apprends-nous à aimer, nous te le demandons par le Christ, notre Seigneur. – ***Amen.***

LITURGIE EUCHARISTIQUE

Prière sur les offrandes

Seigneur notre Dieu, dans l'admirable échange du sacrifice eucharistique, tu nous fais participer à ton unique et souveraine divinité ; nous avons reçu la connaissance de ta vérité : accorde-nous de lui être fidèles par toute notre vie. Par le Christ, notre Seigneur. – ***Amen.***

Prière eucharistique

(Préface du temps pascal, p. 215)

Chant de communion *(Suggestions p. 239)*

OU

Antienne de la communion

Je suis la vraie vigne, et vous, les sarments, dit le Seigneur.
Celui qui demeure en moi et en qui je demeure,
celui-là porte beaucoup de fruit, alléluia. (Jn 15, 1.5)

Prière après la communion

Dans ta bienveillance, reste auprès de ton peuple, nous t'en prions, Seigneur ; puisque tu l'as initié aux sacrements du ciel, fais-le passer de ce qui est ancien à la vie nouvelle. Par le Christ, notre Seigneur. **– Amen.**

RITE DE CONCLUSION

Bénédiction solennelle

En ressuscitant son Fils unique, Dieu vous a accordé le bienfait de la rédemption, il a fait de vous ses enfants : qu'il vous donne la joie de sa bénédiction.

– Amen.

Du Rédempteur, vous avez reçu d'être libres à jamais : qu'il vous accorde aussi d'avoir part à l'héritage éternel.

– Amen.

Par la foi au Christ, dans le baptême vous êtes déjà ressuscités ; par la droiture de votre vie présente, puissiez-vous mériter de lui être unis dans la patrie du ciel.

– Amen.

Et que la bénédiction de Dieu tout-puissant, le Père, et le Fils, ✛ et le Saint-Esprit, descende sur vous et y demeure toujours.

– Amen.

Envoi

COMMENTAIRE DU DIMANCHE

Benoît Gschwind, évêque de Pamiers

Dieu nous aime

Porter du fruit, et en porter davantage ! Voilà une expression étrange que nous pourrions, dans le contexte de notre monde actuel, comprendre comme une invitation à la rentabilité, et même à la compétitivité. Mais ne prenons pas ce risque. L'évangile de ce jour nous invite à grandir dans l'amitié avec le Christ, à nous enraciner dans sa parole et, d'une certaine manière, à poser dans la liberté ce choix que Dieu ne cesse de proposer à l'homme : la vie ou la mort. L'enjeu est de taille car il s'agit de ne pas nous dessécher. Prendre conscience que nous sommes d'une même vigne, que nous sommes un même peuple, dont le Christ est la tête, c'est répondre à ce rendez-vous essentiel de la communauté auquel notre baptême nous convoque. Mais c'est aussi mettre en œuvre et en actes la parole de Dieu dans •••

••• notre vie de chaque jour. Ainsi nous faisons, comme Jean nous le rappelle, ce qui est agréable aux yeux de Dieu et nous apprenons à nous aimer les uns les autres comme Dieu nous l'a demandé. Porter du fruit prend alors tout son sens dès lors que nous mettons en œuvre les commandements de Dieu et que nous avons compris qu'ils sont pour nous un chemin de bonheur, une promesse de bonheur réitérée par Jésus dans les Béatitudes. Porter du fruit suppose de découvrir et de comprendre à quel point Dieu veut notre bonheur. Il nous invite à nous enraciner en lui, à demeurer en lui et à entendre son appel à le suivre.

À quelle occasion m'est-il arrivé de mesurer l'importance,
dans ma vie, de mon enracinement dans le Christ
et dans sa parole ?
Quels moyens est-ce que je mets en œuvre,
chaque jour, chaque semaine, pour demeurer en lui,
pour vivre les sacrements de l'Église ? ■

CE QUE JE DÉCOUVRE

Un sarment ne peut pas vivre s'il n'est pas nourri par la sève, qui vient du pied de vigne. C'est pareil pour nous : si on ne s'attache pas à Jésus comme un sarment à la vigne, on oublie qu'il nous aime, et on ne lui donne plus de place dans notre vie...
L'amour de Jésus est comme la sève : il nous apporte la vie.
Alors, pour devenir des sarments vivants qui portent du fruit, ouvrons-lui notre cœur.

CE QUE JE VIS

As-tu déjà pris soin d'une plante ? Que fais-tu pour qu'elle reste belle et qu'elle donne du fruit ou des fleurs ?
Dans ton coin prière, pose un fruit ou une plante. Puis remercie Dieu pour les fruits de la terre.

Texte : Patricia Metzger. Illustrations : Marcelino Truong

MÉDITATION BIBLIQUE

5E DIMANCHE DE PÂQUES

Évangile selon saint Jean 15, 1-8

Vigne et sarments

L'évangile nous parle de la communauté post-pascale que nous formons, non plus comme au chapitre précédent en termes de séparation d'avec le Christ (Jn 14), mais en termes de relation et d'inhabitation réciproque : lui en nous et nous en lui.

Le temps de la préparation

« Demeurez en moi, comme moi en vous. » (Jn 15, 4)

Le temps de l'observation

Le texte est scandé par la déclaration « Moi je suis » (Jn 15, 1.5), qui délimite deux parties s'achevant chacune sur la mention du fruit à porter (Jn 15, 4.8). La première centre le lecteur sur la relation du Fils à son Père, laquelle conditionne celle du Christ à ses disciples. Impossible de porter un fruit quelconque en se séparant de sa source. Le Fils ne peut rien faire de lui-même, il est l'Envoyé et, en ce sens, la vigne véritable. Quant aux disciples, leur fécondité dépend de leur fidélité au Christ, ce qui suppose de « demeurer » en lui. L'expression pourrait induire les lecteurs sur la fausse piste d'une intimité floue, fusionnelle et refermée sur elle-même, n'était la mention de la Parole et de son rôle déterminant. Une parole qui émonde et purifie, une parole qui pose dans une relation et garantit la différenciation, une parole qui donne un contenu à la fidélité supposée par le « demeurer ». Être uni au Christ, n'est-ce pas accomplir sa parole, les commandements concrets qu'elle énonce pour apprendre à aimer en vérité ?

Le temps de la méditation

L'évangile nous invite à contempler la relation du Fils à son Père, si développée dans l'évangile de Jean. Celui-ci nous ramène sans cesse à la source, à la lumière par qui nous voyons la lumière (cf. Ps 35 [36], 10). La capacité de vivre une vie féconde nous est déjà donnée, il s'agit d'un don à faire fructifier. « En dehors de moi, vous ne pouvez rien faire » : voilà une parole qui ne peut que nous interpeller. Certes nous pouvons agir mais non nous renouveler et glorifier le Père – c'est-à-dire le rendre présent en ce monde, tel Israël, la vigne du Seigneur (Ps 79 [80], 9), qui témoignait du dessein divin de salut en mettant la Parole en pratique. Mais revenons surtout à Jésus, à la façon dont il a glorifié son Père : non par des actes merveilleux à la manière du monde, comme le lui suggérait Satan au désert de la tentation, mais par le lavement des pieds et le don de sa vie signifié par l'eau et le sang s'écoulant de son côté transpercé.

Le temps de la prière

« Gloire à toi, Seigneur, gloire à toi. » ■

Emmanuelle Billoteau,
ermite

DES IMAGES POUR LA FOI

5ᴱ DIMANCHE DE PÂQUES

Créature nouvelle

Sur le chemin de Damas, Paul est « saisi » par le Christ. C'est le matin d'un premier jour : le souffle de l'Esprit fait de lui une créature nouvelle.

Avec un tel équipement (bottes, cuirasse, bouclier, casque et cotte de mailles), les cinq soldats ne peuvent appartenir qu'à une unité d'élite. Mais devant le spectacle de leur chef gisant à terre, ces militaires aguerris sont pourtant pris de panique. Deux d'entre eux lèvent les yeux au ciel d'où semble être venue la force qui lui a fait mordre la poussière. Comme Adam au premier jour, le Seigneur façonne Paul et en fait une « créature nouvelle » (2 Co 5, 17) afin qu'il fasse parvenir son nom « auprès des nations, des rois et des fils d'Israël » (Ac 9, 15). Même si ses yeux sont hagards, le visage de Paul se tourne vers son glaive au premier plan. Il n'en a plus besoin : désormais, son arme sera la parole de Dieu, « plus coupante qu'une épée à deux tranchants » (He 4, 12). La pluie de rayons d'or venue du ciel tombe sur un arbre chargé de fruits mûrs. Il symbolise la fécondité du ministère de l'Apôtre qui se laissera conduire par l'Esprit (cf. Ga 5, 18). Paul achèvera « sa course » (cf. 2 Tm 4, 7) en rendant le témoignage suprême : l'épée nous rappelle aussi l'instrument de son martyre. ■

Dominique Pierre

© Akg-images

La conversion de saint Paul, Aretino Spinello (vers 1390).
Metropolitan Museum of Art, New York (États-Unis).

28 - 30

Une prière *de Lise Lachance, pour ce dimanche*

Ta vie en moi

℟ C'est ta vie qui coule en moi, Seigneur,
et qui me rend capable d'aimer en actes et en vérité.

Je te rends grâce, Seigneur, pour tes dons.
Tu aimes l'être humain
au-delà de tout ce que l'on peut imaginer.
Tu lui donnes d'exister dans ton amour.
C'est ta vie qui coule dans ses veines. ℟

Ne permets pas que je m'éloigne de toi,
que je pense trouver mon bonheur
dans les richesses de ce monde.
Toi seul me donnes la force d'aimer,
de répondre aux appels de mes frères et sœurs. ℟

LUNDI 29 AVRIL 2024

COULEUR LITURGIQUE : BLANC

Sainte Catherine de Sienne

1347-1380. Omniprésente dans la vie de l'Église de son temps, cette tertiaire dominicaine fut surtout une grande mystique. Docteur de l'Église et copatronne de l'Europe.

Antienne d'ouverture

Vierge sage et prévoyante, Catherine de Sienne a gardé sa lampe allumée pour sortir à la rencontre du Christ, alléluia.

Gloire à Dieu (p. 211)

Prière

Seigneur Dieu, tu as brûlé du feu de ton amour sainte Catherine de Sienne en lui donnant de contempler la passion de Jésus et en l'appelant à servir l'Église ; par son intercession, accorde à ton peuple, uni au mystère du Christ, d'exulter sans fin quand sa gloire se révélera. Lui qui… ***— Amen.***

Lectures propres à la fête de sainte Catherine de Sienne.

Lecture

de la première lettre de saint Jean (1, 5 – 2, 2)

« Le sang de Jésus nous purifie de tout péché »

Bien-aimés, tel est le message que nous avons entendu de Jésus Christ et que nous vous annonçons : Dieu est lumière ; en lui, il n'y a pas de ténèbres. Si nous disons que nous sommes en communion avec lui, alors que nous marchons dans les ténèbres, nous sommes des menteurs, nous ne faisons pas la vérité. Mais si nous marchons dans la lumière, comme

il est lui-même dans la lumière, nous sommes en communion les uns avec les autres, et le sang de Jésus, son Fils, nous purifie de tout péché. Si nous disons que nous n'avons pas de péché, nous nous égarons nous-mêmes, et la vérité n'est pas en nous. Si nous reconnaissons nos péchés, lui qui est fidèle et juste va jusqu'à pardonner nos péchés et nous purifier de toute injustice. Si nous disons que nous sommes sans péché, nous faisons de lui un menteur, et sa parole n'est pas en nous. Mes petits enfants, je vous écris cela pour que vous évitiez le péché. Mais si l'un de nous vient à pécher, nous avons un défenseur devant le Père : Jésus Christ, le Juste. C'est lui qui, par son sacrifice, obtient le pardon de nos péchés, non seulement les nôtres, mais encore ceux du monde entier. – Parole du Seigneur.

Psaume 102 (103)

℟ ***Bénis le Seigneur, ô mon âme !***

Bénis le Seigneur, ô mon âme,
bénis son nom très saint, tout mon être !
Bénis le Seigneur, ô mon âme,
n'oublie aucun de ses bienfaits. ℟

Car il pardonne toutes tes offenses
et te guérit de toute maladie ;
il réclame ta vie à la tombe
et te couronne d'amour et de tendresse. ℟

Le Seigneur est tendresse et pitié,
lent à la colère et plein d'amour ;
il n'est pas pour toujours en procès,
ne maintient pas sans fin ses reproches. ℟

Comme la tendresse du père pour ses fils,
la tendresse du Seigneur pour qui le craint !
Il sait de quoi nous sommes pétris,
il se souvient que nous sommes poussière. ℟

Mais l'amour du Seigneur,
sur ceux qui le craignent,
est de toujours à toujours,
et sa justice pour les enfants
de leurs enfants,
pour ceux qui gardent son alliance. ℟

Acclamation de l'Évangile

Alléluia. Alléluia. Tu es béni, Père, Seigneur du ciel et de la terre, tu as révélé aux tout-petits les mystères du Royaume ! ***Alléluia.***

Évangile de Jésus Christ

selon saint Matthieu (11, 25-30)

« Ce que tu as caché aux sages et aux savants, tu l'as révélé aux tout-petits »

En ce temps-là, Jésus prit la parole et dit : « Père, Seigneur du ciel et de la terre, je proclame ta louange : ce que tu as caché aux sages et aux savants, tu l'as révélé aux tout-petits*. Oui, Père, tu l'as voulu ainsi dans ta bienveillance. Tout m'a été remis par mon Père ; personne ne connaît le Fils, sinon le Père, et personne ne connaît le Père, sinon le Fils, et celui à qui le Fils veut le révéler. Venez à moi, vous tous qui peinez sous le poids du fardeau, et moi, je vous procurerai le repos. Prenez sur vous mon joug, devenez mes disciples, car je suis doux et humble de cœur, et vous trouverez le repos pour votre âme. Oui, mon joug est facile à porter, et mon fardeau, léger. »

Prière sur les offrandes

Accueille, Seigneur, le sacrifice du salut que nous présentons en la fête de sainte Catherine : instruits par ses conseils, nous pourrons te rendre grâce, Dieu véritable, avec plus de ferveur. Par le Christ, notre Seigneur. **— *Amen.***

Préface des saints, p. 218.

Antienne de la communion

Dieu est lumière. Si nous marchons
dans la lumière, nous sommes
en communion les uns avec les autres,
et le sang de Jésus Christ, son Fils,
nous purifie de tout péché, alléluia.
(cf. 1 Jn 1, 5.7)

Prière après la communion

Que la vie éternelle nous soit donnée, Seigneur, puisque nous sommes nourris à la table du ciel où sainte Catherine trouvait aussi un aliment pour la vie de son corps. Par le Christ, notre Seigneur. **— *Amen.***

INVITATION

Par l'intercession de Catherine de Sienne, copatronne de l'Europe,
je demande au Seigneur une paix durable pour tous les peuples.

COMMENTAIRE

De tout repos 1 Jean 1, 5 – 2, 2 ; Matthieu 11, 25-30

Le Dieu lumineux dont nous parle la première lecture ne se détourne pas de nos ténèbres mais les accueille inlassablement, au contraire, pour nous en faire sortir toujours à nouveau. De même, Jésus, messager infatigable de l'amour dans la vérité, connaît pourtant nos fatigues et veut les soulager. Il est notre repos, dans la douceur et l'humilité qui sont aussi celles de Dieu, son Père et le nôtre. ■

Jean-Marc Liautaud, *Fondacio*

❊ CLÉ DE LECTURE

« Tout-petits » Matthieu 11, 25 *(p. 201)*

Le terme grec est négatif : « ceux qui ne parlent pas, qui ne savent pas parler ». Ainsi le silence, l'impuissance à dire des « tout-petits » auxquels Dieu se révèle s'oppose aux discours des sages et des savants. Faut-il nous taire ? Certainement d'abord et écouter. Pour lire alors que celui en qui Dieu se révèle et se donne à nous, c'est Jésus lui-même, dans son étonnante intimité avec le Père. Un lien dans lequel il offre à chacun d'entrer : la voie est ouverte car il est lui-même la voie. Le lecteur découvre alors que la « petitesse qui ne sait pas parler » est humilité et douceur et permet d'alléger son propre fardeau – son propre ego – pour accueillir et porter avec Jésus le fardeau des autres. Le fardeau est plus léger qu'il partage avec nous. ■

Roselyne Dupont-Roc, *bibliste*

MARDI 30 AVRIL 2024

5E SEMAINE DE PÂQUES COULEUR LITURGIQUE : BLANC

Temps pascal, *messe de la férie*
ou **saint Pie V**

Antienne d'ouverture

Louez notre Dieu, vous tous qui le craignez, les petits et les grands. Maintenant voici le salut, la puissance, et le pouvoir de son Christ, alléluia ! (Ap 19, 5 ; 12, 10)

Prière

Seigneur Dieu, tu nous recrées pour la vie éternelle dans la résurrection du Christ ; affermis la foi et l'espérance de ton peuple : ne laisse pas le doute entamer notre confiance dans les promesses que toi-même nous as faites. Par Jésus…

— Amen.

Lecture

du livre des Actes des Apôtres (14, 19-28)

« Ayant réuni l'Église, ils rapportèrent tout ce que Dieu avait fait avec eux »

En ces jours-là, comme Paul et Barnabé se trouvaient à Lystres, des Juifs arrivèrent d'Antioche de Pisidie et d'Iconium ; ils se rallièrent les foules, ils lapidèrent Paul et le traînèrent hors de la ville, pensant qu'il était mort. Mais, quand les disciples firent cercle autour de lui, il se releva et rentra dans la ville. Le lendemain, avec Barnabé, il partit pour Derbé. Ils annoncèrent la Bonne Nouvelle à cette cité et firent bon nombre de disciples.

Puis ils retournèrent à Lystres, à Iconium et à Antioche de Pisidie ; ils affermissaient le courage des disciples ; ils les exhortaient à persévérer dans la foi, en disant : « Il nous faut passer par bien des épreuves pour entrer dans le royaume de Dieu. » Ils désignèrent des Anciens pour chacune de leurs Églises et, après avoir prié et jeûné, ils confièrent au Seigneur ces hommes qui avaient mis leur foi en lui. Ils traversèrent la Pisidie et se rendirent en Pamphylie. Après avoir annoncé la Parole aux gens de Pergé, ils descendirent au port d'Attalia, et s'embarquèrent pour Antioche de Syrie, d'où ils étaient partis ; c'est là qu'ils avaient été remis à la grâce de Dieu pour l'œuvre qu'ils avaient accomplie. Une fois arrivés, ayant réuni l'Église, ils rapportèrent tout ce que Dieu avait fait avec eux, et comment il avait ouvert aux nations la porte de la foi. Ils passèrent alors un certain temps avec les disciples.
– Parole du Seigneur.

Psaume 144 (145)

℟ ***Que tes amis, Seigneur, annoncent la gloire de ton règne !*** OU ***Alléluia !***

Que tes œuvres, Seigneur, te rendent grâce
et que tes fidèles te bénissent !
Ils diront la gloire de ton règne,
ils parleront de tes exploits. ℟

Ils annonceront aux hommes tes exploits,
la gloire et l'éclat de ton règne :
ton règne, un règne éternel,
ton empire, pour les âges des âges. ℟

Que ma bouche proclame
les louanges du Seigneur !
Son nom très saint, que toute chair le bénisse
toujours et à jamais ! ℟

Acclamation de l'Évangile

Alléluia. Alléluia. Le Christ devait souffrir et ressusciter d'entre les morts pour entrer dans la gloire. ***Alléluia.***

Évangile de Jésus Christ

selon saint Jean (14, 27-31a)

« Je vous donne ma paix »

En ce temps-là, Jésus disait à ses disciples : « Je vous laisse la paix, je vous donne ma paix ; ce n'est pas à la manière du monde que je vous la donne. Que votre cœur ne soit pas bouleversé ni effrayé. Vous avez entendu ce que je vous ai dit : Je m'en vais, et je reviens vers vous. Si vous m'aimiez, vous seriez dans la joie puisque je pars vers le Père, car le Père est plus grand que moi. Je vous ai dit ces choses maintenant, avant qu'elles n'arrivent ; ainsi, lorsqu'elles arriveront, vous croirez. Désormais, je ne parlerai plus beaucoup avec vous, car il vient, le prince du monde. Certes, sur moi il n'a aucune prise, mais il faut que le monde sache que j'aime le Père, et que je fais comme le Père me l'a commandé. »

Prière sur les offrandes

Accueille, nous t'en prions, Seigneur, les dons de ton Église en fête ; tu es pour elle à l'origine d'un si grand bonheur : qu'il s'épanouisse en joie éternelle. Par le Christ, notre Seigneur. ***— Amen.***

Préface du temps pascal, p. 215.

Antienne de la communion

Si nous sommes passés par la mort
avec le Christ, nous croyons
que nous vivrons aussi avec lui,
alléluia.
(Rm 6, 8)

Prière après la communion

Regarde avec bonté, Seigneur, nous t'en prions, le peuple que tu as rénové par tes sacrements ; accorde-nous de parvenir à la vie incorruptible lorsque notre chair ressuscitera dans la gloire. Par le Christ, notre Seigneur. — ***Amen.***

INVITATION

Je choisis quelqu'un à qui j'envoie un message (e-mail, SMS...)
pour lui dire combien il compte pour moi.

COMMENTAIRE

Paul, l'indestructible Actes 14, 19-28 ; Jean 14, 27-31a

La personne de Paul, apôtre d'exception, fait le lien entre les deux lectures de ce jour. On dirait qu'il a entendu les consignes et les vœux de Jésus lors de son dernier repas et que sa vie tout entière est comme une mise en œuvre de ce programme. Témoin « indestructible », à la face du monde, que le Christ est ressuscité et vivant, il ignore le trouble et prend soin des siens, inlassablement. ■

***Jean-Marc Liautaud**, Fondacio*

28 - 30

Liturgie de la messe

RITES INITIAUX

Le chant d'entrée achevé, le prêtre et les fidèles, debout, font le signe de la croix, tandis que le prêtre, tourné vers le peuple, dit :

Au nom du Père, et du Fils, et du Saint-Esprit.

Le peuple répond :

— Amen.

Salutation

La grâce de Jésus, le Christ, notre Seigneur, l'amour de Dieu le Père, et la communion de l'Esprit Saint soient toujours avec vous.

— Et avec votre esprit.

Ou bien : Que la grâce et la paix de Dieu notre Père et du Seigneur Jésus, le Christ, soient toujours avec vous.

— Et avec votre esprit.

Ou bien : Le Seigneur soit avec vous.

— Et avec votre esprit.

Acte pénitentiel

Frères et sœurs, préparons-nous à célébrer le mystère de l'eucharistie, en reconnaissant que nous avons péché.

(1) Je confesse à Dieu tout-puissant, je reconnais devant vous, frères et sœurs, que j'ai péché en pensée, en parole, par action et par omission; oui, j'ai vraiment péché. C'est pourquoi je supplie la bienheureuse Vierge Marie, les anges et tous les saints, et vous aussi, frères et sœurs, de prier pour moi le Seigneur notre Dieu.

(2) Prends pitié de nous, Seigneur. – ***Nous avons péché contre toi.***
Montre-nous, Seigneur, ta miséricorde. – ***Et donne-nous ton salut.***

(3) Seigneur Jésus, envoyé pour guérir les cœurs qui reviennent vers toi :
Seigneur, prends pitié. – ***Seigneur, prends pitié.***
Ô Christ, venu appeler les pécheurs : ô Christ, prends pitié.
– ***Ô Christ, prends pitié.***
Seigneur, qui sièges à la droite du Père où tu intercèdes pour nous :
Seigneur, prends pitié. – ***Seigneur, prends pitié.***

Que Dieu tout-puissant nous fasse miséricorde; qu'il nous pardonne nos péchés et nous conduise à la vie éternelle. – ***Amen.***

Ensuite, on chante ou on dit le Kyrie eleison (Seigneur, prends pitié), à moins qu'il n'ait été déjà employé dans une formule de l'acte pénitentiel (c'est le cas de la précédente).

Kyrie, eleison. – ***Kyrie, eleison.***
Christe, eleison. – ***Christe, eleison.***
Kyrie, eleison. – ***Kyrie, eleison.***
ou bien: Seigneur, prends pitié. – ***Seigneur, prends pitié.***
Ô Christ, prends pitié. – ***Ô Christ, prends pitié.***
Seigneur, prends pitié. – ***Seigneur, prends pitié.***

(4) Aux messes dominicales, l'aspersion de l'eau bénite peut tenir lieu de préparation pénitentielle.

Frères et sœurs bien-aimés, demandons au Seigneur de bénir cette eau qu'il a créée ; nous allons en être aspergés en mémoire de notre baptême : que Dieu nous vienne en aide, afin que nous demeurions fidèles à l'Esprit que nous avons reçu.

Le prêtre prononce sur l'eau une prière d'action de grâce.

Seigneur, Dieu tout-puissant, sois favorable aux prières de ton peuple : tandis que nous célébrons la merveille de notre création et la merveille plus grande encore de notre rédemption, daigne bénir ✠ cette eau. Tu l'as créée pour féconder la terre et donner à nos corps fraîcheur et pureté. Tu en as fait aussi l'instrument de ta miséricorde : par elle tu as libéré ton peuple de la servitude et tu as étanché sa soif dans le désert ; par elle les prophètes ont annoncé la nouvelle Alliance que tu allais conclure avec l'humanité ; par elle enfin, eau sanctifiée par le Christ au Jourdain, tu as renouvelé notre nature pécheresse dans le bain de la nouvelle naissance. Que cette eau, maintenant, nous rappelle notre baptême et nous fasse participer à la joie de nos frères et sœurs les baptisés de Pâques. Par le Christ, notre Seigneur. ***— Amen.***

Le prêtre circule dans l'assemblée en aspergeant les fidèles pendant que l'on chante un chant baptismal. Par exemple : Par le baptême de renaissance (I 296) ; J'ai vu l'eau vive (I 132).

Que Dieu tout-puissant nous purifie de nos péchés et, par la célébration de cette eucharistie, nous rende dignes de participer à la table de son royaume. Par le Christ, notre Seigneur. ***— Amen.***

Gloire à Dieu

Gloire à Dieu, au plus haut des cieux, et paix sur la terre aux hommes,
qu'il aime. Nous te louons, nous te bénissons, nous t'adorons,
nous te glorifions, nous te rendons grâce, pour ton immense gloire,
Seigneur Dieu, Roi du ciel, Dieu le Père tout-puissant.
Seigneur, Fils unique, Jésus Christ, Seigneur Dieu,
Agneau de Dieu, le Fils du Père ;
toi qui enlèves les péchés du monde, prends pitié de nous ;
toi qui enlèves les péchés du monde, reçois notre prière ;
toi qui es assis à la droite du Père, prends pitié de nous.
Car toi seul es Saint, toi seul es Seigneur, toi seul es le Très-Haut :
Jésus Christ, avec le Saint-Esprit dans la gloire de Dieu le Père. Amen.

Gloria in excelsis Deo et in terra pax hominibus bonæ voluntatis. Laudamus te, benedicimus te, adoramus te, glorificamus te, gratias agimus tibi propter magnam gloriam tuam, Domine Deus, Rex cælestis, Deus Pater omnipotens. Domine Fili unigenite, Iesu Christe, Domine Deus, Agnus Dei, Filius Patris, qui tollis peccata mundi, miserere nobis ; qui tollis peccata mundi, suscipe deprecationem nostram.
Qui sedes ad dexteram Patris, miserere nobis.
Quoniam tu solus Sanctus, tu solus Dominus, tu solus Altissimus,
Iesu Christe, cum Sancto Spiritu : in gloria Dei Patris. Amen.

Prière d'ouverture

Voir à la date du jour.

LITURGIE DE LA PAROLE

Voir à la date du jour.

Profession de foi

Symbole de Nicée-Constantinople

Je crois en un seul Dieu, le Père tout-puissant,
créateur du ciel et de la terre, de l'univers visible et invisible.
Je crois en un seul Seigneur, Jésus Christ, le Fils unique de Dieu,
né du Père avant tous les siècles : il est Dieu, né de Dieu,
lumière née de la lumière, vrai Dieu, né du vrai Dieu,
engendré, non pas créé, consubstantiel au Père, et par lui tout a été fait.
Pour nous les hommes, et pour notre salut, il descendit du ciel ;
par l'Esprit Saint, il a pris chair de la Vierge Marie, et s'est fait homme.
Crucifié pour nous sous Ponce Pilate,
il souffrit sa passion et fut mis au tombeau.
Il ressuscita le troisième jour, conformément aux Écritures,
et il monta au ciel ; il est assis à la droite du Père.
Il reviendra dans la gloire, pour juger les vivants et les morts ;
et son règne n'aura pas de fin.
Je crois en l'Esprit Saint, qui est Seigneur et qui donne la vie ;
il procède du Père et du Fils ; avec le Père et le Fils,
il reçoit même adoration et même gloire ; il a parlé par les prophètes.
Je crois en l'Église, une, sainte, catholique et apostolique.
Je reconnais un seul baptême pour le pardon des péchés.
J'attends la résurrection des morts, et la vie du monde à venir. Amen.

Credo in unum Deum, Patrem omnipotentem,
Factorem cœli et terræ, visibilium omnium et invisibilium.
Et in unum Dominum Iesum Christum, Filium Dei unigenitum,
et ex Patre natum ante omnia sæcula.
Deum de Deo, lumen de lumine, Deum verum de Deo vero, genitum,
non factum, consubstantialem Patri : per quem omnia facta sunt.
Qui propter nos homines et propter nostram salutem descendit de cœlis.
Et incarnatus est de Spiritu Sancto ex Maria Virgine, et homo factus est.
Crucifixus etiam pro nobis sub Pontio Pilato ;
passus et sepultus est, et resurrexit tertia die, secundum Scripturas,
et ascendit in cœlum, sedet ad dexteram Patris.
Et iterum venturus est cum gloria, iudicare vivos et mortuos,
cuius regni non erit finis.
Et in Spiritum Sanctum, Dominum et vivificantem :
qui ex Patre Filioque procedit.
Qui cum Patre et Filio simul adoratur et conglorificatur :
qui locutus est per prophetas.
Et unam, sanctam, catholicam et apostolicam Ecclesiam.
Confiteor unum baptisma in remissionem peccatorum.
Et exspecto resurrectionem mortuorum, et vitam venturi sæculi.
Amen.

Symbole des Apôtres

Je crois en Dieu, le Père tout-puissant, créateur du ciel et de la terre.
Et en Jésus Christ, son Fils unique, notre Seigneur,
qui a été conçu du Saint-Esprit, est né de la Vierge Marie,
a souffert sous Ponce Pilate, a été crucifié, est mort et a été enseveli,
est descendu aux enfers, le troisième jour est ressuscité des morts,
est monté aux cieux, est assis à la droite de Dieu le Père tout-puissant,
d'où il viendra juger les vivants et les morts.
Je crois en l'Esprit Saint, à la sainte Église catholique,
à la communion des saints, à la rémission des péchés,
à la résurrection de la chair, à la vie éternelle. Amen.

Prière universelle

LITURGIE EUCHARISTIQUE

Préparation des dons

Tu es béni, Seigneur, Dieu de l'univers : nous avons reçu de ta bonté le pain que nous te présentons, fruit de la terre et du travail des hommes ; il deviendra pour nous le pain de la vie. ***— Béni soit Dieu, maintenant et toujours !***

Comme cette eau se mêle au vin pour le sacrement de l'Alliance,
puissions-nous être unis à la divinité de celui qui a voulu prendre notre humanité.

Tu es béni, Seigneur, Dieu de l'univers : nous avons reçu de ta bonté le vin que nous te présentons, fruit de la vigne et du travail des hommes ; il deviendra pour nous le vin du Royaume éternel.

— Béni soit Dieu, maintenant et toujours !

Le cœur humble et contrit, nous te supplions, Seigneur, accueille-nous : que notre sacrifice, en ce jour, trouve grâce devant toi, Seigneur notre Dieu. Lave-moi de mes fautes, Seigneur, et purifie-moi de mon péché.

Prière sur les offrandes

Priez, frères et sœurs : que mon sacrifice, qui est aussi le vôtre, soit agréable à Dieu le Père tout-puissant.

— Que le Seigneur reçoive de vos mains ce sacrifice à la louange et à la gloire de son nom, pour notre bien et celui de toute l'Église.

Ou bien :

Prions ensemble, au moment d'offrir le sacrifice de toute l'Église.

— Pour la gloire de Dieu et le salut du monde.

Prière eucharistique

Le Seigneur soit avec vous. ***— Et avec votre esprit.***
Élevons notre cœur. ***— Nous le tournons vers le Seigneur.***
Rendons grâce au Seigneur notre Dieu. ***— Cela est juste et bon.***

Préfaces

1re préface de Pâques

Le mystère pascal

Vraiment, il est juste et bon, pour ta gloire et notre salut, de te louer, Seigneur, en tout temps, mais plus encore de te glorifier • en cette nuit *(la nuit de Pâques)* • aujourd'hui *(le jour de Pâques et pendant l'octave)* • en ces jours *(après l'octave)* où le Christ, notre Pâque, a été immolé. Car il est l'Agneau véritable qui a enlevé les péchés du monde : en mourant, il a détruit notre mort ; en ressuscitant, il nous a rendu la vie. C'est pourquoi la joie pascale rayonne par tout l'univers, la terre entière exulte, les puissances d'en haut et les anges dans le ciel chantent sans fin l'hymne de ta gloire : ***Saint ! Saint ! Saint...***

2e préface de Pâques

La vie nouvelle dans le Christ

Vraiment, il est juste et bon, pour ta gloire et notre salut, de te louer, Seigneur, en tout temps, mais plus encore de te glorifier en ces jours où le Christ, notre Pâque, a été immolé. Grâce à lui se lèvent des enfants de lumière pour une vie éternelle, et les portes du royaume des Cieux s'ouvrent pour accueillir les croyants. Car sa mort nous affranchit de la mort et, dans sa résurrection, chacun de nous est déjà ressuscité. C'est pourquoi la joie pascale rayonne par tout l'univers, la terre entière exulte, les puissances d'en haut et les anges dans le ciel chantent sans fin l'hymne de ta gloire :

Saint ! Saint ! Saint...

3e préface de Pâques

Le Christ est vivant et intercède toujours pour nous

Vraiment, il est juste et bon, pour ta gloire et notre salut, de te louer, Seigneur, en tout temps, mais plus encore de te glorifier en ces jours où le Christ, notre Pâque, a été immolé. Il ne cesse pas de s'offrir pour nous, et demeure éternellement notre défenseur auprès de toi ; immolé, il a vaincu la mort ; mis à mort, il est vivant pour toujours. C'est pourquoi la joie pascale rayonne par tout l'univers, la terre entière exulte, les puissances d'en haut et les anges dans le ciel chantent sans fin l'hymne de ta gloire : ***Saint ! Saint ! Saint...***

4e préface de Pâques

La restauration de l'univers par le mystère pascal

Vraiment, il est juste et bon, pour ta gloire et notre salut, de te louer, Seigneur, en tout temps, mais plus encore de te glorifier en ces jours où le Christ, notre Pâque, a été immolé. Le monde ancien est détruit, la création déchue est renouvelée, et, dans le Christ, nous est rendue la vie en plénitude. C'est pourquoi la joie pascale rayonne par tout l'univers, la terre entière exulte, les puissances d'en haut et les anges dans le ciel chantent sans fin l'hymne de ta gloire : ***Saint ! Saint ! Saint…***

5e préface de Pâques

Le Christ, prêtre et victime

Vraiment, il est juste et bon, pour ta gloire et notre salut, de te louer, Seigneur, en tout temps, mais plus encore de te glorifier en ces jours où le Christ, notre Pâque, a été immolé. Par l'offrande de son corps, il mène à leur achèvement, dans la vérité de la croix, les sacrifices de l'ancienne Alliance, et quand il te remet son esprit pour notre salut, il est à lui seul le prêtre, l'autel et l'agneau du sacrifice. C'est pourquoi la joie pascale rayonne par tout l'univers, la terre entière exulte, les puissances d'en haut et les anges dans le ciel chantent sans fin l'hymne de ta gloire : ***Saint ! Saint ! Saint…***

2e préface des Apôtres

Les Apôtres, fondements de l'Église et témoins

Vraiment, il est juste et bon, pour ta gloire et notre salut, de t'offrir notre action de grâce, toujours et en tout lieu, Seigneur, Père très saint, Dieu éternel et tout-puissant, par le Christ, notre Seigneur. Car tu as fondé ton Église sur les Apôtres, pour qu'elle soit à jamais dans le monde le signe de ta sainteté, et qu'elle enseigne à tous les hommes l'Évangile du royaume des Cieux. C'est pourquoi, dès maintenant et pour l'éternité, nous pouvons te chanter avec tous les anges et, d'un cœur fervent, proclamer : ***Saint ! Saint ! Saint...***

2e préface des saints

Le rôle des saints

Vraiment, il est juste et bon, pour ta gloire et notre salut, de t'offrir notre action de grâce, toujours et en tout lieu, Seigneur, Père très saint, Dieu éternel et tout-puissant, par le Christ, notre Seigneur. Tu ne cesses de fortifier ton Église, et tu lui donnes une fécondité nouvelle par la foi admirable dont témoignent les saints ; tu nous présentes en eux des signes très sûrs de ton amour. Et pour que s'accomplissent les mystères du salut, le rayonnement de leur exemple nous stimule, et leur intercession fervente nous assure un appui. C'est pourquoi, avec les anges et tous les saints, nous te louons, Seigneur, et nous exultons de joie en proclamant :

Saint ! Saint ! Saint,
le Seigneur, Dieu de l'univers !
Le ciel et la terre sont remplis
de ta gloire. Hosanna au plus haut
des cieux. Béni soit celui qui vient
au nom du Seigneur.
Hosanna au plus haut des cieux.

Sanctus, Sanctus, Sanctus
Dominus Deus Sabaoth.
Pleni sunt cœli et terra gloria tua.
Hosanna in excelsis.
Benedictus qui venit in nomine Domini.
Hosanna in excelsis.

- *Prière eucharistique* **1**
  « Toi, Père très aimant... » .... p. 219
- *Prière eucharistique* **2**
  « Toi qui es vraiment saint... » .... p. 224
- *Prière eucharistique* **3**
  « Tu es vraiment saint... » .... p. 226
- *Prière eucharistique* **4**
  « Père très saint... » .... p. 230
- *Prière eucharistique* ***pour circonstances particulières 1***
  « Vraiment, tu es saint... » .... p. 233

Prière eucharistique nº 1

(Préfaces : p. 215)

Toi, Père très aimant, nous te prions et te supplions par Jésus Christ, ton Fils, notre Seigneur, d'accepter et de bénir + ces dons, ces offrandes, sacrifice pur et saint, que nous te présentons avant tout pour ta sainte Église catholique : accorde-lui la paix et protège-la, daigne la rassembler dans l'unité et la gouverner par toute la terre ; nous les présentons en union avec ton serviteur notre pape N., notre évêque N., et tous ceux qui gardent fidèlement la foi catholique reçue des Apôtres.

Souviens-toi, Seigneur, de tes serviteurs et de tes servantes (de N. et de N.), et de tous ceux qui sont ici réunis, dont tu connais la foi et l'attachement. Nous t'offrons pour eux, ou ils t'offrent pour eux-mêmes et tous les leurs ce sacrifice de louange, pour leur propre rédemption, pour la paix, et le salut qu'ils espèrent ; ils te rendent cet hommage, à toi, Dieu éternel, vivant et vrai.

(1) **En semaine :**

• Unis dans une même communion, vénérant d'abord la mémoire de la bienheureuse Marie toujours vierge, Mère de notre Dieu et Seigneur, Jésus Christ, •••

(2) **Le dimanche :**

• Unis dans une même communion, nous célébrons le jour où le Christ est ressuscité d'entre les morts ; et vénérant d'abord la mémoire de la bienheureuse Marie toujours vierge, Mère de notre Dieu et Seigneur, Jésus Christ, •••

(3) **De la veillée pascale jusqu'au 2e dimanche de Pâques inclus :**

• Unis dans une même communion, nous célébrons (la nuit très sainte) le jour très saint où ressuscita selon la chair notre Seigneur Jésus Christ ; et vénérant d'abord la mémoire de la bienheureuse Marie toujours vierge, Mère de notre Dieu et Seigneur, Jésus Christ, •••

Prière eucharistique n° 1

(4) **Pour l'Annonciation du Seigneur :** Unis dans une même communion, nous célébrons le jour où, par l'Esprit Saint, la Vierge Marie a conçu ton Fils éternel ; et vénérant d'abord la mémoire de cette Vierge bienheureuse, la Mère de notre Dieu et Seigneur, Jésus Christ, •••

••• et celle de saint Joseph, son époux, des bienheureux Apôtres et martyrs Pierre et Paul, André, [Jacques et Jean, Thomas, Jacques et Philippe, Barthélemy et Matthieu, Simon et Jude, Lin, Clet, Clément, Sixte, Corneille et Cyprien, Laurent, Chrysogone, Jean et Paul, Côme et Damien,] et de tous les saints, nous t'en supplions : accorde-nous, par leur prière et leurs mérites, d'être toujours et partout, forts de ton secours et de ta protection. [Par le Christ, notre Seigneur. Amen.]

(1) • Voici donc l'offrande que nous présentons devant toi, nous, tes serviteurs, et ta famille entière : Seigneur, dans ta bienveillance, accepte-la. Assure toi-même la paix de notre vie, arrache-nous à la damnation éternelle et veuille nous admettre au nombre de tes élus. [Par le Christ, notre Seigneur. Amen.] •••

(2) **De la veillée pascale jusqu'au 2e dimanche de Pâques inclus :** • Voici donc l'offrande que nous présentons devant toi, nous tes serviteurs, et ta famille entière, particulièrement pour les baptisés de Pâques que tu as fait renaître de l'eau et de l'Esprit Saint, en pardonnant tous leurs péchés. Nous t'en prions, Seigneur, dans ta bienveillance, accepte cette offrande. Assure toi-même la paix de notre vie, arrache-nous à la damnation éternelle et veuille nous admettre au nombre de tes élus. [Par le Christ, notre Seigneur. Amen.] •••

••• Seigneur Dieu, nous t'en prions, daigne bénir et accueillir cette offrande, accepte-la pleinement, rends-la parfaite et digne de toi : qu'elle devienne pour nous le corps et le sang de ton Fils bien-aimé, Jésus, le Christ, notre Seigneur.

La veille de sa passion, il prit le pain dans ses mains très saintes et, les yeux levés au ciel, vers toi, Dieu, son Père tout-puissant, en te rendant grâce il dit la bénédiction, il rompit le pain, et le donna à ses disciples, en disant : « **Prenez, et mangez-en tous** : ceci est mon corps livré pour vous. »
De même, après le repas, il prit cette coupe incomparable dans ses mains très saintes ; et, te rendant grâce à nouveau, il dit la bénédiction, et donna la coupe à ses disciples, en disant : « **Prenez, et buvez-en tous,** car ceci est la coupe de mon sang, le sang de l'Alliance nouvelle et éternelle, qui sera versé pour vous et pour la multitude en rémission des péchés. Vous ferez cela en mémoire de moi. »

(1) Il est grand, le mystère de la foi :
— Nous annonçons ta mort, Seigneur Jésus, nous proclamons ta résurrection, nous attendons ta venue dans la gloire.

(2) Acclamons le mystère de la foi :
— Quand nous mangeons ce pain et buvons à cette coupe, nous annonçons ta mort, Seigneur ressuscité, et nous attendons que tu viennes.

(3) Qu'il soit loué, le mystère de la foi :
— Sauveur du monde, sauve-nous ! Par ta croix et ta résurrection, tu nous as libérés.
ou : Proclamons le mystère de la foi :
— Gloire à toi qui étais mort, gloire à toi qui es vivant, notre Sauveur et notre Dieu : viens, Seigneur Jésus !

Mysterium fidei.
(1) – *Mortem tuam annuntiamus, Domine, et tuam resurrectionem confitemur, donec venias.*

(2) – *Quotiescumque manducamus panem hunc et calicem bibimus, mortem tuam annuntiamus, Domine, donec venias.*

(3) – *Salvator mundi, salva nos, qui per crucem et resurrectionem tuam liberasti nos.*

Voilà pourquoi nous, tes serviteurs, et ton peuple saint avec nous, faisant mémoire de la passion bienheureuse de ton Fils, Jésus, le Christ, notre Seigneur, de sa résurrection du séjour des morts et de sa glorieuse ascension dans le ciel, nous te présentons, Dieu de gloire et de majesté, cette offrande prélevée sur les biens que tu nous donnes, le sacrifice pur et saint, le sacrifice parfait, pain de la vie éternelle et coupe du salut. Et comme il t'a plu d'accueillir les présents de ton serviteur Abel le Juste, le sacrifice d'Abraham, notre père dans la foi, et celui que t'offrit Melkisédek, ton grand prêtre, oblation sainte et immaculée, regarde ces offrandes avec amour et, dans ta bienveillance, accepte-les. Nous t'en supplions, Dieu tout-puissant : qu'elles soient portées par les mains de ton saint Ange en présence de ta gloire, sur ton autel céleste, afin qu'en recevant ici, par notre communion à l'autel, le corps et le sang très saints de ton Fils, nous soyons comblés de la grâce et de toute bénédiction du ciel. [Par le Christ, notre Seigneur. Amen.]

Souviens-toi aussi, Seigneur, de tes serviteurs et de tes servantes (de N. et N.) qui nous ont précédés, marqués du signe de la foi, et qui dorment dans la paix. Pour eux et pour tous ceux qui reposent dans le Christ, nous implorons ta bonté, Seigneur : qu'ils demeurent dans la joie, la lumière et la paix. [Par le Christ, notre Seigneur. Amen.]

Et nous pécheurs, tes serviteurs, qui mettons notre espérance en ta miséricorde inépuisable, admets-nous dans la communauté des saints Apôtres et martyrs, avec Jean Baptiste, Étienne, Matthias et Barnabé, [Ignace, Alexandre, Marcellin et Pierre, Félicité et Perpétue, Agathe, Lucie, Agnès, Cécile, Anastasie,] et tous les saints ; nous t'en prions, accueille-nous dans leur compagnie, sans nous juger sur le mérite mais en accordant largement ton pardon. Par le Christ, notre Seigneur. Par lui, tu ne cesses de créer tous ces biens, tu les sanctifies, leur donnes la vie, les bénis, et nous en fais le don.

Par lui, avec lui et en lui, à toi, Dieu le Père tout-puissant, dans l'unité du Saint-Esprit, tout honneur et toute gloire, pour les siècles des siècles. **— *Amen.***

Vient ensuite le rite de la communion, *p. 236.*

Prière eucharistique n° 2

(On peut aussi choisir une autre préface.)

Vraiment, Père très saint, il est juste et bon, pour ta gloire et notre salut, de t'offrir notre action de grâce, toujours et en tout lieu, par ton Fils bien-aimé, Jésus, le Christ : il est ta parole par qui tu as créé toutes choses ; c'est lui que tu nous as envoyé comme Rédempteur et Sauveur, Dieu fait homme, conçu de l'Esprit Saint, né de la Vierge Marie. Pour accomplir jusqu'au bout ta volonté et rassembler un peuple saint qui t'appartienne, il étendit les mains à l'heure de sa passion, afin de briser la mort, et de manifester la résurrection. C'est pourquoi, avec les anges et tous les saints, nous chantons ta gloire, et d'une seule voix nous proclamons : ***Saint ! Saint ! Saint...***

(Voir p. 218 pour la version latine.)

Prière eucharistique n° 2

(1) **En semaine :**
• Toi qui es vraiment saint, toi qui es la source de toute sainteté, Seigneur, nous te prions : •••

(2) **Le dimanche :**
• Toi qui es vraiment saint, toi qui es la source de toute sainteté, Dieu notre Père, nous voici rassemblés devant toi, et, dans la communion de toute l'Église, nous célébrons le jour où le Christ est ressuscité d'entre les morts. Par lui que tu as élevé à ta droite, nous te prions : •••

(3) **De la veillée pascale jusqu'au 2e dimanche de Pâques inclus :**
• Toi qui es vraiment saint, toi qui es la source de toute sainteté, Dieu notre Père, nous voici rassemblés devant toi, et, dans la communion de toute l'Église, nous célébrons (la nuit très sainte) le jour très saint où ressuscita selon la chair notre Seigneur Jésus, le Christ. Par lui, que tu as élevé à ta droite, nous te prions : •••

(4) **Pour l'Annonciation du Seigneur :**
Toi qui es vraiment saint, toi qui es la source de toute sainteté, Dieu notre Père, nous voici rassemblés devant toi et, dans la communion de toute l'Église, nous célébrons le jour où, par l'Esprit Saint, la Vierge Marie a conçu ton Fils éternel. Par lui, qui est devenu notre Sauveur, nous te prions : •••

••• Sanctifie ces offrandes en répandant sur elles ton Esprit ; qu'elles deviennent pour nous le corps et ✠ le sang de Jésus, le Christ, notre Seigneur.

Au moment d'être livré et d'entrer librement dans sa passion, il prit le pain, il rendit grâce, il le rompit et le donna à ses disciples, en disant : « **Prenez, et mangez-en tous :** ceci est mon corps livré pour vous. »

De même, après le repas, il prit la coupe ; de nouveau il rendit grâce, et la donna à ses disciples, en disant : « **Prenez, et buvez-en tous,** car ceci est la coupe de mon sang, le sang de l'Alliance nouvelle et éternelle, qui sera versé pour vous et pour la multitude en rémission des péchés. Vous ferez cela en mémoire de moi. »

(1) Il est grand, le mystère de la foi :
— Nous annonçons ta mort, Seigneur Jésus, nous proclamons ta résurrection, nous attendons ta venue dans la gloire.

(2) Acclamons le mystère de la foi :
— Quand nous mangeons ce pain et buvons à cette coupe, nous annonçons ta mort, Seigneur ressuscité, et nous attendons que tu viennes.

(3) Qu'il soit loué, le mystère de la foi :
— Sauveur du monde, sauve-nous ! Par ta croix et ta résurrection, tu nous as libérés.

ou Proclamons le mystère de la foi :
— Gloire à toi qui étais mort, gloire à toi qui es vivant, notre Sauveur et notre Dieu : viens, Seigneur Jésus !
(Voir p. 221 pour la version latine.)

En faisant ainsi mémoire de la mort et de la résurrection de ton Fils, nous t'offrons, Seigneur, le pain de la vie et la coupe du salut, et nous te rendons grâce, car tu nous as estimés dignes de nous tenir devant toi pour te servir. Humblement, nous te demandons qu'en ayant part au corps et au sang du Christ, nous soyons rassemblés par l'Esprit Saint en un seul corps.
Souviens-toi, Seigneur, de ton Église répandue à travers le monde : fais-la grandir dans ta charité en union avec notre pape N., notre évêque N., et tous les évêques, les prêtres et les diacres.

Souviens-toi aussi de nos frères et sœurs qui se sont endormis dans l'espérance de la résurrection, et souviens-toi, dans ta miséricorde, de tous les défunts : accueille-les dans la lumière de ton visage.

De la veillée pascale jusqu'au 2e dimanche de Pâques inclus :
• Souviens-toi des baptisés de Pâques que tu as fait renaître de l'eau et de l'Esprit Saint pour une vie nouvelle dans le Christ.

Sur nous tous enfin, nous implorons ta bonté : permets qu'avec la Vierge Marie, la bienheureuse Mère de Dieu, avec saint Joseph, son époux, les Apôtres et tous les saints qui ont fait ta joie au long des âges, nous ayons part à la vie éternelle et que nous chantions ta louange et ta gloire, par ton Fils Jésus, le Christ.

Par lui, avec lui et en lui, à toi, Dieu le Père tout-puissant, dans l'unité du Saint-Esprit, tout honneur et toute gloire, pour les siècles des siècles.
— ***Amen.***
Vient ensuite le rite de la communion, p. 236.

Prière eucharistique n° 3

(Préfaces : p. 215)

Tu es vraiment saint, Dieu de l'univers, et il est juste que toute la création proclame ta louange, car c'est toi qui donnes la vie, c'est toi qui sanctifies toutes choses, par ton Fils, Jésus Christ, notre Seigneur, avec la puissance de l'Esprit Saint ; et tu ne cesses de rassembler ton peuple, afin que, du levant au couchant du soleil, une offrande pure soit présentée à ton nom.

(1) **En semaine :**
• C'est pourquoi nous te supplions,

Seigneur, de consacrer toi-même les offrandes que nous apportons : •••

(2) **Le dimanche :**
• C'est pourquoi nous voici rassemblés devant toi, Dieu notre Père, et, dans la communion de toute l'Église, nous célébrons le jour où le Christ est ressuscité d'entre les morts. Par lui, que tu as élevé à ta droite, nous te supplions de consacrer toi-même les offrandes que nous apportons : •••

(3) **De la veillée pascale jusqu'au 2e dimanche de Pâques inclus :**
• C'est pourquoi nous voici rassemblés devant toi, Dieu notre Père, et, dans la communion de toute l'Église, nous célébrons (la nuit très sainte) le jour très saint où ressuscita selon la chair notre Seigneur Jésus, le Christ. Par lui que tu as élevé à ta droite, nous te supplions de consacrer toi-même les offrandes que nous apportons : •••

(4) **Pour l'Annonciation du Seigneur :**
• C'est pourquoi nous voici rassemblés devant toi, Dieu notre Père, et, dans la communion de toute l'Église, nous célébrons le jour où, par l'Esprit Saint, la Vierge Marie a conçu ton Fils éternel. Par lui, qui est devenu notre Sauveur, nous te supplions de consacrer toi-même les offrandes que nous apportons : •••

••• Sanctifie-les par ton Esprit pour qu'elles deviennent le corps ✛ et le sang de ton Fils, Jésus Christ, notre Seigneur, qui nous a dit de célébrer ce mystère.

La nuit même où il fut livré, il prit le pain, en te rendant grâce il dit la bénédiction, il rompit le pain, et le donna à ses disciples, en disant : « **Prenez, et mangez-en tous** : ceci est mon corps livré pour vous. »
De même, après le repas, il prit la

coupe ; en te rendant grâce il dit la bénédiction, et donna la coupe à ses disciples, en disant : « **Prenez, et buvez-en tous**, car ceci est la coupe de mon sang, le sang de l'Alliance nouvelle et éternelle, qui sera versé pour vous et pour la multitude en rémission des péchés. Vous ferez cela en mémoire de moi. »

(1) Il est grand, le mystère de la foi :
— Nous annonçons ta mort, Seigneur Jésus, nous proclamons ta résurrection, nous attendons ta venue dans la gloire.

(2) Acclamons le mystère de la foi :
— Quand nous mangeons ce pain et buvons à cette coupe, nous annonçons ta mort, Seigneur ressuscité, et nous attendons que tu viennes.

(3) Qu'il soit loué, le mystère de la foi :
— Sauveur du monde, sauve-nous ! Par ta croix et ta résurrection, tu nous as libérés.
ou : Proclamons le mystère de la foi :
— Gloire à toi qui étais mort, gloire à toi qui es vivant, notre Sauveur et notre Dieu : viens, Seigneur Jésus !
(Voir p. 221 pour la version latine.)

En faisant ainsi mémoire de ton Fils, de sa passion qui nous sauve, de sa glorieuse résurrection et de son ascension dans le ciel, alors que nous attendons son dernier avènement, nous t'offrons, Seigneur, en action de grâce, ce sacrifice vivant et saint. Regarde, nous t'en prions, l'oblation de ton Église, et daigne y reconnaître ton Fils qui, selon ta volonté, s'est offert en sacrifice pour nous réconcilier avec toi. Quand nous serons nourris de son corps et de son sang, et remplis de l'Esprit Saint, accorde-nous d'être un seul corps et un seul esprit dans le Christ.

Que l'Esprit Saint fasse de nous une éternelle offrande à ta gloire, pour que nous obtenions un jour l'héritage promis, avec tes élus : en premier lieu la bienheureuse Vierge Marie, Mère de Dieu, avec saint Joseph, son époux, les bienheureux Apôtres, les glorieux martyrs, (saint N.) et tous les saints, qui ne cessent d'intercéder auprès de toi et nous assurent de ton secours.

Et maintenant nous te supplions, Seigneur : par le sacrifice qui nous réconcilie avec toi, étends au monde entier le salut et la paix. Affermis ton Église, en pèlerinage sur la terre, dans la foi et la charité, en union avec ton serviteur notre pape N., et notre évêque N., l'ensemble des évêques, les prêtres, les diacres, et tout le peuple que tu as racheté.

De la veillée pascale jusqu'au 2e dimanche de Pâques inclus :
Souviens-toi des baptisés de Pâques que tu as fait renaître de l'eau et de l'Esprit Saint pour une vie nouvelle dans le Christ.

Écoute, en ta bonté, les prières de ta famille, que tu as voulu rassembler devant toi. Dans ta miséricorde, ramène à toi, Père très aimant, tous tes enfants dispersés.

Pour nos frères et sœurs défunts, et pour tous ceux qui ont quitté ce monde et trouvent grâce devant toi, nous te prions : en ta bienveillance, accueille-les dans ton Royaume, où nous espérons être comblés de ta gloire, tous ensemble et pour l'éternité, par le Christ, notre Seigneur, par qui tu donnes au monde toute grâce et tout bien.

Par lui, avec lui et en lui, à toi, Dieu le Père tout-puissant, dans l'unité du Saint-Esprit, tout honneur et toute gloire, pour les siècles des siècles.
— *Amen.*

Vient ensuite le rite de la communion, p. 236.

Prière eucharistique nº 4

Vraiment, il est bon de te rendre grâce, il est juste et bon de te glorifier, Père très saint, car tu es le seul Dieu, le Dieu vivant et vrai : toi qui es avant tous les siècles, tu demeures éternellement, lumière au-delà de toute lumière. Toi, le Dieu de bonté, la source de la vie, tu as fait le monde pour que toute créature soit comblée de tes bénédictions, et que beaucoup se réjouissent de l'éclat de ta lumière. Ainsi, la foule innombrable des anges qui te servent jour et nuit se tiennent devant toi, et, contemplant la splendeur de ta face, n'interrompent jamais leur louange. Unis à leur hymne d'allégresse, avec la création tout entière qui t'acclame par nos voix, Dieu, nous te chantons (louons) : ***Saint ! Saint ! Saint…***

(Voir p. 218 pour la version latine.)

Père très saint, nous proclamons que tu es grand et que tu as fait toutes choses avec sagesse et par amour : tu as créé l'homme à ton image et tu lui as confié l'univers, afin qu'en te servant, toi seul, son Créateur, il règne sur la création. Comme il avait perdu ton amitié par sa désobéissance, tu ne l'as pas abandonné au pouvoir de la mort. Dans ta miséricorde, tu es venu en aide à tous les hommes pour qu'ils te cherchent et puissent te trouver. Tu as multiplié les alliances avec eux, et tu les as formés, par les prophètes, dans l'espérance du salut. Tu as tellement aimé le monde, Père très saint, que tu nous as envoyé ton Fils unique, lorsque les temps furent accomplis, pour qu'il soit notre Sauveur. Dieu fait homme, conçu de l'Esprit Saint, né de la Vierge Marie, il a vécu notre condition humaine en toute chose, excepté le péché, annonçant aux pauvres la bonne nouvelle du salut ; aux captifs, la délivrance ; aux affligés, la joie. Pour accomplir le dessein de ton amour, il s'est livré lui-même à la mort, et, par sa résurrection, il a détruit la mort et renouvelé la vie.

Afin que désormais notre vie ne soit plus à nous-mêmes, mais à lui qui est mort et ressuscité pour nous, il a envoyé d'auprès de toi, Père, comme premier don fait aux croyants, l'Esprit Saint qui continue son œuvre dans le monde et achève toute sanctification.

Que ce même Esprit Saint, nous t'en prions, Seigneur, sanctifie ces offrandes : qu'elles deviennent ainsi le corps ✢ et le sang de notre Seigneur Jésus, le Christ, dans la célébration de ce grand mystère, que lui-même nous a laissé en signe de l'Alliance éternelle.

Quand l'heure fut venue où tu allais le glorifier, Père très saint, comme il avait aimé les siens qui étaient dans le monde, il les aima jusqu'au bout : pendant le repas qu'il partageait avec eux, il prit le pain, dit la bénédiction, le rompit et le donna à ses disciples, en disant : « **Prenez, et mangez-en tous :** ceci est mon corps livré pour vous. »

De même, il prit la coupe remplie de vin, il rendit grâce, et la donna à ses disciples, en disant : « **Prenez, et buvez-en tous,** car ceci est la coupe de mon sang, le sang de l'Alliance nouvelle et éternelle, qui sera versé pour vous et pour la multitude en rémission des péchés. Vous ferez cela en mémoire de moi. »

(1) Il est grand, le mystère de la foi :
— Nous annonçons ta mort, Seigneur Jésus, nous proclamons ta résurrection, nous attendons ta venue dans la gloire.

(2) Acclamons le mystère de la foi :
— Quand nous mangeons ce pain et buvons à cette coupe, nous annonçons ta mort, Seigneur ressuscité, et nous attendons que tu viennes.

(3) Qu'il soit loué, le mystère de la foi :
— Sauveur du monde, sauve-nous !
Par ta croix et ta résurrection,
tu nous as libérés.

ou : Proclamons le mystère de la foi :
— Gloire à toi qui étais mort, gloire à toi qui es vivant, notre Sauveur et notre Dieu : viens, Seigneur Jésus !
(Voir p. 221 pour la version latine.)

Voilà pourquoi, Seigneur, nous célébrons aujourd'hui le mémorial de notre rédemption : en rappelant la mort du Christ et sa descente au séjour des morts, en proclamant sa résurrection et son ascension à ta droite, en attendant sa venue dans la gloire, nous t'offrons son corps et son sang, le sacrifice qui est digne de toi et qui sauve le monde entier. Regarde, Seigneur, celui qui s'offre dans le sacrifice que toi-même as préparé pour ton Église, et, dans ta bonté, accorde à tous ceux qui vont partager ce pain et boire à cette coupe d'être rassemblés par l'Esprit Saint en un seul corps, pour qu'ils deviennent eux-mêmes dans le Christ une vivante offrande à la louange de ta gloire.

Et maintenant, Seigneur, rappelle-toi tous ceux pour qui nous offrons le sacrifice : en premier lieu, ton serviteur notre pape N., notre évêque N., et l'ensemble des évêques, les prêtres et les diacres, les fidèles qui présentent cette offrande, les membres de notre assemblée, le peuple entier qui t'appartient, et tous ceux qui te cherchent avec droiture.

Souviens-toi aussi de ceux qui sont morts dans la paix du Christ, et de tous les défunts dont toi seul connais la foi.

À nous qui sommes tes enfants, accorde, Père très bon, l'héritage de la vie éternelle auprès de la Vierge Marie, la bienheureuse Mère de Dieu, auprès de saint Joseph, son époux, des Apôtres et de tous les saints, dans ton Royaume. Nous pourrons alors, avec la création tout entière, enfin libérée de la corruption du péché et de la mort, te glorifier par le Christ, notre Seigneur, par qui tu donnes au monde toute grâce et tout bien.

Par lui, avec lui et en lui, à toi, Dieu le Père tout-puissant, dans l'unité du Saint-Esprit, tout honneur et toute gloire, pour les siècles des siècles.

— Amen.

Vient ensuite le rite de la communion, p. 236.

Prière eucharistique pour circonstances particulières n° 1

Vraiment, il est juste et bon de te rendre grâce, de chanter une hymne à ta louange et à ta gloire, Seigneur, Père d'infinie bonté. À la parole de ton Fils annonçant l'Évangile, tu as rassemblé ton Église de toute langue, peuple et nation, et tu ne cesses de la vivifier par la force de ton Esprit pour faire grandir jour après jour l'unité du genre humain. En rendant visible l'Alliance de ton amour, elle ouvre à tous la bienheureuse espérance de ton royaume, et resplendit comme un signe de la fidélité que tu as promise à tous les âges dans le Christ Jésus, notre Seigneur. C'est pourquoi, avec toutes les puissances des cieux, nous pouvons te bénir sur la terre et proclamer d'une seule voix avec toute l'Église :

Saint ! Saint ! Saint..

(Voir p. 218 pour la version latine.)

Vraiment, tu es saint et digne de louange, Dieu qui aimes tes enfants, toi qui es toujours avec eux sur les chemins de cette vie. Vraiment, ton Fils, Jésus, est béni, lui qui se tient au milieu de nous, quand son amour

nous réunit ; comme autrefois pour ses disciples, il nous ouvre les Écritures et il rompt le pain.
C'est pourquoi, Père très aimant, nous t'en prions, envoie ton Esprit Saint afin qu'il sanctifie nos offrandes : que ce pain et ce vin deviennent pour nous le corps + et le sang de notre Seigneur Jésus, le Christ.

La veille de sa passion, la nuit de la dernière Cène, il prit le pain, dit la bénédiction, le rompit et le donna à ses disciples, en disant : « **Prenez, et mangez-en tous** : ceci est mon corps livré pour vous. »
De même, après le repas, il prit la coupe, te rendit grâce, et la donna à ses disciples, en disant : « **Prenez, et buvez-en tous,** car ceci est la coupe de mon sang, Le sang de l'Alliance nouvelle et éternelle, qui sera versé pour vous et pour la multitude en rémission des péchés. Vous ferez cela, en mémoire de moi. »

(1) Il est grand, le mystère de la foi :
— Nous annonçons ta mort,
Seigneur Jésus,
nous proclamons ta résurrection,
nous attendons ta venue dans la gloire.
(2) Acclamons le mystère de la foi :
— Quand nous mangeons ce pain et buvons à cette coupe, nous annonçons ta mort, Seigneur ressuscité, et nous attendons que tu viennes.
(3) Qu'il soit loué, le mystère de la foi :
— Sauveur du monde, sauve-nous !
Par ta croix et ta résurrection,
tu nous as libérés.
ou : Proclamons le mystère de la foi :
— Gloire à toi qui étais mort, gloire à toi qui es vivant, notre Sauveur et notre Dieu : viens, Seigneur Jésus !
(Voir p. 221 pour la version latine.)

Voilà pourquoi, Père très saint, nous faisons mémoire de ton Fils, le Christ, notre Sauveur, que tu as conduit, par la passion et la mort sur la croix, à la gloire de la résurrection pour qu'il siège à ta droite ; nous annonçons, jusqu'à ce qu'il vienne, l'œuvre de ton amour, et nous t'offrons le pain de la vie et la coupe de bénédiction. Regarde avec bonté l'offrande de ton Église qui te présente par nos mains ce qu'elle a reçu de toi : le sacrifice pascal du Christ. Que la force de ton Esprit d'amour fasse de nous, dès maintenant et pour l'éternité, les membres de ton Fils, nous qui communions à son corps et à son sang.

Renouvelle, Seigneur, par la lumière de l'Évangile, ton Église (qui est à N.). Resserre le lien de l'unité entre les fidèles et les pasteurs de ton peuple, en union avec notre pape N., notre évêque N., et l'ensemble des évêques, pour qu'au milieu d'un monde déchiré par les divisions, le peuple qui t'appartient brille comme un signe prophétique de concorde et d'unité.

Souviens-toi de nos frères et sœurs (N. et N.) qui se sont endormis dans la paix du Christ, et de tous les morts dont toi seul connais la foi : accueille-les dans la joie et la clarté de ton visage et donne-leur, par la résurrection, la plénitude de la vie. Et lorsque prendra fin notre pèlerinage sur la terre, reçois-nous dans la demeure où nous vivrons près de toi pour toujours. Alors, avec la Vierge Marie, la bienheureuse Mère de Dieu, avec les Apôtres, les martyrs, (saint N. : *le saint du jour ou le saint patron*) et tous les saints, nous pourrons te louer et te magnifier, par ton Fils, Jésus, le Christ.

Par lui, avec lui et en lui, à toi, Dieu le Père tout-puissant, dans l'unité du Saint-Esprit, tout honneur et toute gloire, pour les siècles des siècles.

— Amen.

Vient ensuite le rite de la communion, page suivante.

RITE DE LA COMMUNION

Notre Père

(1) Comme nous l'avons appris du Sauveur, et selon son commandement, nous osons dire :

(2) Unis dans le même Esprit, nous pouvons dire avec confiance la prière que nous avons reçue du Sauveur :

Notre Père qui es aux cieux, que ton nom soit sanctifié,
que ton règne vienne, que ta volonté soit faite sur la terre comme au ciel.
Donne-nous aujourd'hui notre pain de ce jour. Pardonne-nous nos offenses,
comme nous pardonnons aussi à ceux qui nous ont offensés.
Et ne nous laisse pas entrer en tentation, mais délivre-nous du Mal.

(3) *Præceptis salutaribus moniti, et divina institutione formati, audemus dicere : Pater noster, qui es in cælis : sanctificetur nomen tuum ; adveniat regnum tuum ; fiat voluntas tua, sicut in cælo, et in terra. Panem nostrum cotidianum da nobis hodie ; et dimitte nobis debita nostra, sicut et nos dimittimus debitoribus nostris ; et ne nos inducas in tentationem ; sed libera nos a malo.*

Délivre-nous de tout mal, Seigneur, et donne la paix à notre temps : soutenus par ta miséricorde, nous serons libérés de tout péché, à l'abri de toute épreuve, nous qui attendons que se réalise cette bienheureuse espérance : l'avènement de Jésus Christ, notre Sauveur.

— Car c'est à toi qu'appartiennent le règne,
la puissance et la gloire pour les siècles des siècles !

Échange de la paix

Seigneur Jésus Christ, tu as dit à tes Apôtres : « Je vous laisse la paix, je vous donne ma paix » ; ne regarde pas nos péchés mais la foi de ton Église ; pour que ta volonté s'accomplisse, donne-lui toujours cette paix, et conduis-la vers l'unité parfaite, toi qui vis et règnes pour les siècles des siècles. – ***Amen.***
Que la paix du Seigneur soit toujours avec vous. – ***Et avec votre esprit.***
Dans la charité du Christ, donnez-vous la paix.

Fraction du pain

Que le corps et le sang de notre Seigneur Jésus Christ,
réunis dans cette coupe, nourrissent en nous la vie éternelle.

Agneau de Dieu

Agneau de Dieu, qui enlèves les péchés du monde, prends pitié de nous. *(bis)*
Agneau de Dieu, qui enlèves les péchés du monde, donne-nous la paix.

Agnus Dei, qui tollis peccata mundi, miserere nobis. (bis)
Agnus Dei, qui tollis peccata mundi, dona nobis pacem.

Communion

(1) Seigneur Jésus Christ, Fils du Dieu vivant, selon la volonté du Père et avec la puissance du Saint-Esprit, tu as donné, par ta mort, la vie au monde ; que ton corps et ton sang très saints me délivrent de mes péchés et de tout mal ; fais que je demeure fidèle à tes commandements et que jamais je ne sois séparé de toi.

(2) Seigneur Jésus Christ, que cette communion à ton corps et à ton sang n'entraîne pour moi ni jugement ni condamnation ; mais que, par ta bonté, elle soutienne mon esprit et mon corps et me donne la guérison.

Voici l'Agneau de Dieu, voici celui qui enlève les péchés du monde.
Heureux les invités au repas des noces de l'Agneau !
— Seigneur, je ne suis pas digne de te recevoir ;
mais dis seulement une parole, et je serai guéri.

Chant de communion *ou antienne de la communion.*

Prière après la communion *voir à la date du jour.*

RITE DE CONCLUSION

Le Seigneur soit avec vous.
— Et avec votre esprit.
Que Dieu tout-puissant vous bénisse, le Père, et le Fils, ✠ et le Saint-Esprit.
— Amen.

Puis le diacre, ou le prêtre lui-même, les mains jointes, tourné vers l'assemblée, dit :
(1) Allez, dans la paix du Christ.
(2) Allez porter l'Évangile du Seigneur.
(3) Allez en paix, glorifiez le Seigneur par votre vie.
(4) Allez en paix.
— Nous rendons grâce à Dieu.

Chants pour la célébration

Les chants en rouge sont consultables à la page indiquée. **Les chants en noir** sont référencés avec leur cote SECLI.

	Ouverture	Renvoi	Communion / Action de grâce	Renvoi
7 avril	Il a pour nom « Miséricorde »	p. 240	Voici le corps et le sang du Seigneur	p. 247
	Criez de joie, Christ est ressuscité	I52-51	Témoin du Dieu qui fait miséricorde	p. 246
	Peuple de Dieu, marche joyeux	p. 242	Marie, témoin d'une espérance	V23-07
14 avril	Il nous précède en Galilée	p. 243	Prenez et mangez	D52-67
	Il est temps de quitter vos tombeaux	EDIT15-89	Pain de Dieu, pain rompu	D284
	Alléluia, le Seigneur règne	Y548	Dieu nous invite à son festin	p. 248
21 avril	Dieu nous a tous appelés	KD14-56-1	Je vous ai choisis	p. 249
	Si le Père vous appelle	p. 244	Pain donné pour notre vie	D32-10
	Exultez de joie, peuples de la terre	I508	Aimez-vous les uns les autres	X 67-45
28 avril	Vigne de Dieu	D364	Reste avec nous, Ressuscité	I56-47
	Jour du Vivant	p. 245	Qui mange ma chair	D290
	Peuple de baptisés	K106	Jésus ressuscité, vrai pain de vie	p. 250

Suggestions pour avril 2024 proposées par Thibault Van Den Driessche, avec ChantonsenÉglise

Il a pour nom « Miséricorde » (Ouverture)

MY68-49; T. : M.-A. Noury; M. : J.-P. Lécot; ADF-Musique.

Refrain : **Il a pour nom « Miséricorde », Dieu de tendresse et de pitié,**
Dieu qui se donne et qui pardonne, car éternel est son amour !

② Quitte la terre où tu t'enlises pour le pays qu'il t'a promis !
Nos pères dans la foi ont marché avec lui. C'est le Seigneur, il t'appelle !

③ Passe les eaux de servitude, largue le joug de ton péché !
Contemple la nuée sur les flots refermés : c'est le Seigneur, il libère !

④ Prête l'oreille à ses prophètes : dans ton exil il te rejoint !
Reçois de lui la loi qui te porte en chemin ! C'est le Seigneur, notre Père.

⑤ Comme le Père te fait grâce, remets les dettes sans tarder,
pour vivre dans la joie en enfant pardonné, car le Seigneur te rachète.

⑥ Guette le temps de la promesse. Vienne le jour du Serviteur !
Image du Très-Haut, il nous ouvre son cœur. C'est le Sauveur, il nous aime !

⑦ Passe la porte du Royaume, les pâturages ont reverdi !
Regarde vers la Croix d'où s'écoule la vie : c'est le Sauveur, notre frère !

⑧ Viens partager le pain des pauvres, l'Agneau t'invite à son festin !
Sans crainte, lève-toi, il te prend par la main ! C'est le Sauveur, il t'espère.

⑨ Passe la porte avec l'Église, rejoins le peuple des témoins,
fidèle à son Esprit, chaque jour, va plus loin ! Suis le Sauveur, il t'entraîne !

⑩ Gloire et louange à notre Père, gloire à son Fils ressuscité !
Louange à l'Esprit Saint ! Gloire à toi, Trinité ! Gloire au Seigneur pour les siècles !

Peuple de Dieu, marche joyeux (Ouverture)

K180 ; T. : D. Rimaud ; M. : C. Villeneuve ; Fleurus.

Refrain : **Peuple de Dieu, marche joyeux, alléluia ! Alléluia !**
Peuple de Dieu, marche joyeux, car le Seigneur est avec toi.

1. **Dieu t'a choisi parmi les peuples :**
pas un qu'il ait ainsi traité.
En redisant partout son œuvre,
sois le témoin de sa bonté.

2. **Dieu t'a formé dans sa parole,**
et t'a fait part de son dessein :
annonce-le à tous les hommes
pour qu'en son peuple
ils ne soient qu'un.

3. **Tu es le peuple de l'Alliance,**
marqué du sceau de Jésus Christ :
mets en lui seul ton espérance
pour que ce monde vienne à lui.

4. **Dieu t'a tiré de l'esclavage,**
il t'a rendu ta liberté.
En souvenir de ton passage,
brise les liens des opprimés.

5. **Dieu t'a lavé de toute offense,**
en te marquant du sang sauveur.
Il s'est chargé de tes souffrances :
souffre avec lui pour les pécheurs.

6. **Tu as passé par le baptême :**
tu es le corps du Bien-Aimé.
Compte sur Dieu, ton Dieu lui-même
a fait de toi son envoyé.

7. **Dieu t'a nourri avec largesse**
quand tu errais aux lieux déserts :
vois ton prochain dans la détresse,
secours en lui ta propre chair.

8. **Dieu a dressé pour toi la table,**
vers l'abondance, il t'a conduit :
à toi de faire le partage
du pain des hommes aujourd'hui.

Il nous précède en Galilée (Ouverture)

I26-38 ; T. : C. Bernard ; M. : J. Akepsimas ; ADF – Studio SM.

Refrain : **Il nous précède en Galilée, Christ au milieu du monde !**
Il nous précède en Galilée, Christ ressuscité !

① **Dans la Galilée des pauvres et des petits,**
nous irons porter des mots qui donnent vie :
« Au nom de Jésus Christ, lève-toi et marche ! » *(bis)*
Marche, marche, marche avec ton Dieu ! Sa parole est forte à jamais.

② **Dans la Galilée des peuples sans espoir, nous ferons jaillir des sources pour la soif.**
« Au nom de Jésus Christ, lève-toi et marche ! » *(bis)*
Marche, marche, marche avec ton Dieu, il est ton rocher à jamais !

③ **Dans la Galilée des terres dévastées, nous irons planter la vigne et l'olivier.**
« Au nom de Jésus Christ, lève-toi et marche ! » *(bis)*
Marche, marche, marche avec ton Dieu ! Grande est sa récolte à jamais !

④ **Dans la Galilée des villes au cœur désert,**
nous allumerons des flammes pour l'hiver.
« Au nom de Jésus Christ, lève-toi et marche ! » *(bis)*
Marche, marche, marche avec ton Dieu ! Il est ta lumière à jamais !

⑤ **Dans la Galilée des hommes divisés, nous inventerons des voies pour l'unité.**
« Au nom de Jésus Christ, lève-toi et marche ! » *(bis)*
Marche, marche, marche avec ton Dieu ! Lui qui est l'amour à jamais !

Si le Père vous appelle *(Ouverture)*

O154-1 ; T. : D. Rimaud/CNPL ; M. : J. Berthier ; Studio SM.

Refrain : **Tressaillez de joie ! Tressaillez de joie !**
Car vos noms sont inscrits pour toujours dans les cieux !
Tressaillez de joie ! Tressaillez de joie !
Car vos noms sont inscrits dans le cœur de Dieu !

① **Si le Père vous appelle à aimer comme il vous aime,**
dans le feu de son Esprit, bienheureux êtes-vous !
Si le monde vous appelle à lui rendre une espérance,
à lui dire son salut, bienheureux êtes-vous !
Si l'Église vous appelle à peiner pour le Royaume,
aux travaux de la moisson, bienheureux êtes-vous !

② **Si le Père vous appelle à la tâche des Apôtres,**
en témoins du seul Pasteur, bienheureux êtes-vous !
Si le monde vous appelle à l'accueil et au partage
pour bâtir son unité, bienheureux êtes-vous !
Si l'Église vous appelle à répandre l'Évangile
en tout point de l'univers, bienheureux êtes-vous !

③ **Si le Père vous appelle à quitter toute richesse**
pour ne suivre que son Fils, bienheureux êtes-vous !
Si le monde vous appelle à lutter contre la haine
pour la quête de la paix, bienheureux êtes-vous !
Si l'Église vous appelle à tenir dans la prière,
au service des pécheurs, bienheureux êtes-vous !

Jour du Vivant (Ouverture)

I34-92-8/IP 34-92-8; T. : CFC; M. : É. Daniel; CNPL/Éd. Kinnor.

① **Jour du Vivant pour notre terre ! Alléluia ! Alléluia !** *(bis)*
Le fruit que Dieu bénit mûrit en lumière :
soleil déchirant la nuit !
Alléluia ! Alléluia ! Alléluia ! Alléluia !

② **Jour du Vivant sur notre histoire ! Alléluia ! Alléluia !** *(bis)*
Le corps hier meurtri rayonne sa gloire :
l'amour a brisé la mort !
Alléluia ! Alléluia ! Alléluia ! Alléluia !

③ **Jour du Vivant sur tout exode ! Alléluia ! Alléluia !** *(bis)*
De l'eau et de l'Esprit renaissent les hommes :
chacun porte un nom nouveau.
Alléluia ! Alléluia ! Alléluia ! Alléluia !

④ **Jour du Vivant, si loin, si proche ! Alléluia ! Alléluia !** *(bis)*
Le vin nous est servi, prémices des noces :
la joie du Royaume vient !
Alléluia ! Alléluia ! Alléluia ! Alléluia !

⑤ **Jour du Vivant offert au Souffle ! Alléluia ! Alléluia !** *(bis)*
Le feu soudain a pris créant mille sources :
le monde rend grâce à Dieu !
Alléluia ! Alléluia ! Alléluia ! Alléluia !

Témoin du Dieu qui fait miséricorde (Action de grâce)

T. : Claude Bernard ; M. : Michel Wackenheim ; ADF Musique.

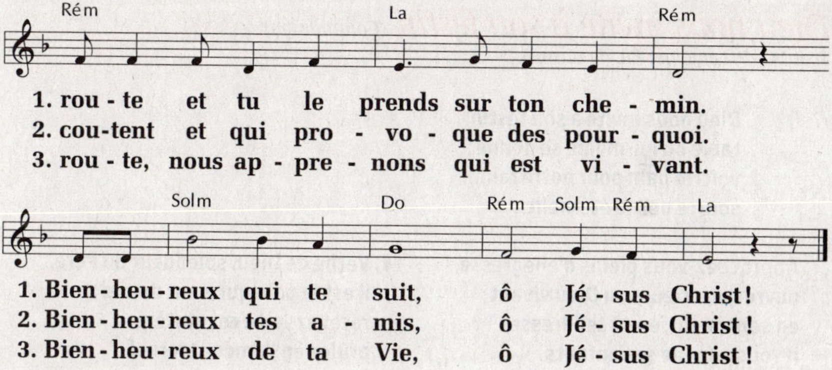

Voici le corps et le sang du Seigneur (Communion)

D44-80; T. et M. : M. Dannaud; Éd. de l'Emmanuel.

Refrain : **Voici le corps et le sang du Seigneur, la coupe du salut et le pain de la vie.**
Dieu immortel se donne en nourriture, pour que nous ayons la vie éternelle.

① **Au moment de passer vers le Père, le Seigneur prit du pain et du vin,**
pour que soit accompli le mystère qui apaise à jamais notre faim.

② **Dieu se livre lui-même en partage, par amour pour son peuple affamé.**
Il nous comble de son héritage, afin que nous soyons rassasiés.

Dieu nous invite à son festin (Communion)

T. et M. : P. Lemoine ; Éd. du Carmel.

Refrain : **Dieu nous invite à son festin,**
table où lui-même se donne ;
voici le pain pour notre faim,
source de vie éternelle.

① Approchez-vous pleins d'allégresse,
ouvrez vos cœurs au Dieu vivant ;
en son amour, en sa tendresse,
il vous appelle ses enfants.

② Venez à lui dans la confiance,
abandonnez tous vos soucis,
et livrez-vous pleins d'espérance,
car c'est lui qui vous a choisis.

③ Jésus a rendu témoignage,
par son offrande sur la Croix ;
il donne sa vie en partage
à qui l'accueille dans la foi.

④ Verbe de Dieu, splendeur du Père,
il est le pain qui vient du ciel ;
recevez-le en ce mystère,
brûlez en l'amour éternel.

⑤ Il fait triompher sa puissance
en la faiblesse des petits ;
il met en eux sa ressemblance,
les attirant vers l'infini.

⑥ Du cœur du Christ jaillit l'eau vive
qui désaltère toute soif ;
l'Esprit de Dieu qui nous anime
et qui nous comble de sa joie.

Je vous ai choisis *(Action de grâce)*

DEV44-63 ; T. et M. : Chants de l'Emmanuel ; Éd. de l'Emmanuel.

① **Je vous ai choisis, je vous ai établis**
pour que vous alliez et viviez de ma vie.
Demeurez en moi, vous porterez du fruit,
je fais de vous mes frères et mes amis.

② **Contemplez mes mains et mon cœur transpercés,**
accueillez la vie que l'Amour veut donner.
Ayez foi en moi, je suis ressuscité,
et bientôt dans la gloire, vous me verrez.

③ **Recevez l'Esprit de puissance et de paix,**
soyez mes témoins, pour vous j'ai tout donné.
Perdez votre vie, livrez-vous sans compter,
vous serez mes disciples, mes bien-aimés !

④ **Consolez mon peuple, je suis son berger.**
Donnez-lui la joie dont je vous ai comblés.
Ayez pour vos frères la tendresse du Père,
demeurez près de moi, alors vous vivrez !

Jésus ressuscité, vrai pain de vie (Communion)

T. : Jean-Louis Fradon ; M. : Barbara Delattre ; ADF Musique.

UNE PAROLE À PARTAGER

« Que Marie nous aide à être ouverts, accueillants envers la présence de Dieu qui vient nous sauver avec douceur. »

Pape François
Angélus, 24 décembre 2023

Pour .... De la part de ....

L'Annonciation, Jean-Pierre Laurens (1920), collection particulière.
Cette année, l'Annonciation est fêtée le 8 avril.

J-Pierre
LAURENS

COUPLETS

② Venez à lui, vous tous qui peinez, car il est le vrai repos,
venez à lui déposer vos fardeaux, car il est la force.

③ Venez à lui, vous les cœurs inquiets, car il est la paix de Dieu,
venez à lui dans vos égarements, car il est la route.

④ Venez à lui dans les tentations, car il est vainqueur du mal,
venez à lui dans vos obscurités, car il est lumière.

⑤ Venez à lui et repentez-vous, car il est riche en pardon,
venez puiser à son cœur transpercé la miséricorde.

⑥ Venez à lui, vous tous qui souffrez, car il est l'Agneau de Dieu.
Venez laver dans le sang de son cœur toutes vos blessures.

⑦ Venez à lui, ses brebis perdues, car il est le bon berger.
Venez goûter, vous les persécutés, la joie du Royaume.

⑧ Louange au Père, au Fils, à l'Esprit, aujourd'hui et à jamais.
Loué soit Dieu dans l'assemblée des saints, multitude en fête.

Psaume 117 – Alléluia, proclamez que le Seigneur est bon

Z558/Z117-5; T. et M. : E. Baranger; Éd. de l'Emmanuel.

② Dans l'angoisse, j'ai crié vers lui,
le Seigneur m'a exaucé.
Le Seigneur est là pour me défendre,
j'ai bravé mes ennemis.

③ Le Seigneur est ma force et mon chant;
le Seigneur est mon salut.
Je ne mourrai pas, non, je vivrai,
je dirai l'œuvre de Dieu.

④ Ouvrez-moi les portes de justice :
j'entrerai, je rendrai grâce.
C'est ici la porte du Seigneur :
tous les justes y entreront.

CHANTS POUR L'ORDINAIRE

MESSE DE LA RÉSURRECTION

Kyrie eleison

AL515; T. : AELF; M. : E. Perrot; Éd. de l'Emmanuel.

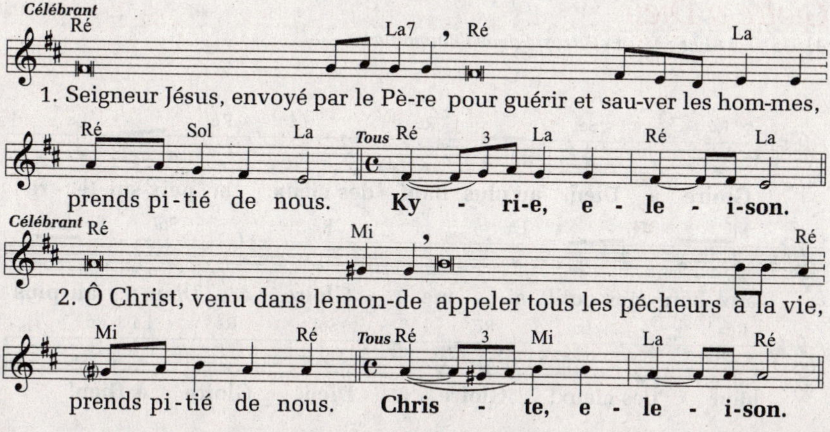

Gloire à Dieu

AL515; T. : AELF; M. : E. Perrot; Éd. de l'Emmanuel.

Ré La Ré La Ré La
Nous te lou-ons, nous te bé-nis-sons, nous t'a-do-rons,
Ré La Ré La Ré Mi La
nous te glo-ri-fions, nous te rendons grâ-ce, pour ton immen-se gloi-re,
Ré Sol Ré La Ré La Mi7 La
Sei-gneur Dieu, Roi du ciel, Dieu le Pè-re tout-puis-sant.
Ré La Ré La Ré La
Sei-gneur, Fils u-ni-que, Jé-sus Christ, Sei-gneur Dieu, A-gneau de
Ré La Ré La Ré Mi La Ré La
Dieu, le Fils du Pè-re; toi qui en-lè-ves les péchés du mon-de, prends pi-tié
Ré La Ré La Ré La Ré La Ré La
de nous; toi qui en-lè-ves les pé-chés du mon-de, re-çois no-tre pri-è-re;
Ré La Ré Mi La Ré La Ré La
toi qui es as-sis à la droi-te du Pè-re, prends pi-tié de nous.

Sanctus

AL515 ; T. : Liturgie Catholique Romaine ; M. : E. Perrot ; Éd. de l'Emmanuel.

Anamnèse

AL515; T. : AELF; M. : E. Perrot; Éd. de l'Emmanuel.

LES RENDEZ-VOUS D'AVRIL 2024

SOMMAIRE

ÉDITORIAL

Ensemble, c'est tout

La Résurrection commence par un tombeau vide. Depuis, le Christ nous donne rendez-vous dans une communauté. Cette communauté est immense, comme les étoiles du ciel avec lesquelles Dieu signifie sa descendance à Abraham au livre de la Genèse évoqué par le père Jacques Nieuviarts. Souvent, cette communauté se fait plus intime, tel le groupe *WhatsApp* de notre lectrice Ghislaine avec ses amies du mouvement Sève. D'autres fois, comme en témoigne la famille Détruit, volontaire au Togo, cette communauté nous dépasse de par sa confiance en Dieu et nous porte dans l'espérance en la vie éternelle.
Et nous ? Quels sont nos liens avec la communauté des croyants ? Sur qui pouvons-nous compter ? Qui peut compter sur nous ? Les jeunes baptisés depuis trois ans sont exemplaires. Carl s'est empressé de rejoindre une école de prière de partage entre jeunes professionnels, alors que Pierre a intégré un groupe de prière entre hommes, une fois par mois. « L'enjeu, confie Geneviève, accompagnatrice de catéchumènes, c'est de découvrir qu'on n'est pas chrétien tout seul mais avec une communauté qui nous porte. » ■

Karem Bustica
Rédactrice en chef de Prions en Église

« Le Christ nous donne rendez-vous dans une communauté. »

CHEMIN D'ÉTOILES

Jacques Nieuviarts, prêtre assomptionniste

Ciel d'étoiles et insomnie magnifique

Lors d'une insomnie au cours d'une nuit étoilée, Abraham reçut la bénédiction divine. Et c'est, à son exemple, le regard levé vers le ciel que les hommes avancent dans la Bible.

Il est « parti rejoindre les étoiles », ont dit certains à la mort de l'astrophysicien Hubert Reeves (*La Croix*, 13 octobre 2023) ! Magnifique expression. Il était passionné d'étoiles. Comme Abraham. Le patriarche savait lire les étoiles. Il les contemplait ! C'est ainsi que par une splendide nuit étoilée, il eut l'intuition de la bénédiction de Dieu sur lui et sur sa descendance, bien au-delà de ce qu'il pouvait imaginer : « Regarde le ciel, lui dit le Seigneur, et compte les étoiles, si tu le peux […]. Telle sera ta descendance ! » (Gn 15, 5). À mesure qu'avançait la nuit, ces paroles descendaient en lui, le submergeaient. La promesse de Dieu s'emparait de lui, comme jamais auparavant. Il marcherait désormais le regard fixé sur les étoiles, dans la lumière desquelles était inscrite pour lui, pour toujours, cette promesse. Oui, le regard tourné vers le ciel ! N'en est-il pas ainsi tout au long de la Bible, qui rappelle de mille façons qu'il faut savoir écouter *(Shema Israël !)* et voir ? Les prophètes eurent des visions parfois grandioses, souvent très simples, comme Amos voyant une corbeille de fruits (trop) mûrs (Am 8, 2), ou Jérémie une marmite qui bouillonne ou un amandier (Jr 1, 11.13) ! Ils avaient les yeux grands ouverts, comme Abraham, et étaient à l'écoute de la parole qui leur était dite de la part du Seigneur, souvent beaucoup plus intérieure que dans l'éclat du tonnerre. Ainsi était Abraham, archétype de l'homme biblique qui savait lever le regard, voir et entendre. La promesse qu'il entendit de la part du Seigneur lui fut redite en plusieurs moments essentiels. Ainsi lorsqu'il accepta de perdre peut-être Isaac, si telle devait être la volonté de Dieu – mais l'ange de Dieu l'arrêta net ! – : « Je rendrai ta descendance aussi nombreuse que les étoiles du ciel et que le sable au bord de la mer […], toutes les nations de la terre s'adresseront l'une à l'autre la bénédiction par le nom de ta descendance » (Gn 22, 17-18). Comme Abraham, il faut donc regarder le ciel, et contempler aussi le sable sur lequel le nomade pose son pas, car il parle du ciel, et la multitude de ses grains reflète les étoiles. Sans quitter la terre, l'homme biblique scrute ainsi le ciel qui lui parle de Dieu et trace pour lui en lettres d'or la constellation de la promesse. Ainsi marchons-nous, nous aussi. ■

Abraham, archétype de l'homme biblique savait lever le regard, voir et entendre.

Anne Lécu, dominicaine

Une jeune servante

Lors de la Passion du Christ, Pierre est interrogé par une jeune servante qui le reconnaît. Elle lui permet de tomber pour se relever.

Alors que Jésus vient de se faire arrêter, Pierre suit de loin et vient s'installer dans la cour du grand prêtre avec les serviteurs qui se chauffent au coin du feu, afin de savoir ce qui va arriver à son ami.

« Il faisait froid en ce lieu où Jésus n'était pas reconnu. Il faisait froid pour le cœur, non pour le corps. Aussi bien Pierre se tenait auprès du feu car il avait le cœur transi », commentait saint Ambroise de Milan. Au milieu de cette froide nuit – car cette arrestation nous fait entrer dans la grande nuit du monde –, une jeune servante reconnaît Pierre et questionne ses compagnons. « Celui-là aussi était avec lui » (cf. Mt 26, 71).

Nul ne connaît cette jeune femme parmi les lecteurs des évangiles, et nous n'entendrons plus parler d'elle ensuite. Dans l'évangile de Matthieu que je choisis ici, cette jeune servante ne paraît pas hostile. Elle s'approche de Pierre et lui dit : « Toi aussi, tu étais avec Jésus, le Galiléen. » (Mt 26, 69). Elle connaît donc Jésus par son nom et a déjà vu Pierre. Elle ne hèle pas l'Apôtre. Elle s'approche. Elle ne hausse pas le ton. C'est lui, au contraire, qui « nie devant tout le monde » en répliquant : « Je ne sais pas de quoi tu parles » (Mt 26, 70). Cette jeune femme inconnue sert de révélateur à ce qui traverse Pierre, cette grande peur qui bouleverse tout quand le sol s'effondre et qui fait dire et penser ce que l'on n'aurait jamais cru être capable de penser et de dire. À sa parole, Pierre renie Jésus. Mais il n'entend pas encore ce qu'il vient de dire. Il faudra une autre servante moins délicate et les serviteurs qui partagent son feu pour que Pierre en arrive à renier trois fois son maître jusqu'à ce que le **...**

Première Alliance

« Tu me scrutes, Seigneur, et tu sais ! Tu sais quand je m'assois, quand je me lève ; de très loin, tu pénètres mes pensées. Que je marche ou me repose, tu le vois, tous mes chemins te sont familiers. Avant qu'un mot ne parvienne à mes lèvres, déjà, Seigneur, tu le sais. » Ps 138, 1-4

… coq chante, comme celui-ci l'avait deviné. Alors, Pierre s'effondre, quitte le déni, rattrapé par la réalité de ce qu'il traverse : oui, il a peur pour sa peau, avant tout. Oui, il a trahi son maître.

Ces personnes comme cette jeune servante peuvent traverser nos vies, et une question anodine nous pousse à dévoiler ce que nous avions au fond du cœur et que nous ignorions. Le pire, comme le meilleur. Elles ne sont guère différentes de ce que nos textes anciens appelaient des « anges ». Quelqu'un qui est là, à un moment donné pour que nous puissions réaliser combien nous sommes encombrés de nous-mêmes, et nous aider à retourner notre regard vers le Maître.

Saint Ambroise dit dans l'un de ses sermons : « Pierre chancelant est plus ferme que notre fermeté. Mieux lui a valu tomber puisque le Christ l'a relevé. » Bienheureuse servante, qui permet à Pierre de tomber à temps, sous le regard de Jésus qui le relève. ■

Nouvelle Alliance

« Cependant Pierre était assis dehors dans la cour. Une jeune servante s'approcha de lui et lui dit : "Toi aussi, tu étais avec Jésus, le Galiléen !" Mais il le nia devant tout le monde et dit : "Je ne sais pas de quoi tu parles." »

Matthieu 26, 69-70

TRÉSORS DE LA LITURGIE

Emmanuelle Billoteau, ermite

L'octave pascale

L'octave pascale mérite toute notre attention, tant au niveau des lectures que des pièces liturgiques. Dans l'Église ancienne, c'était le temps des catéchèses mystagogiques destinées aux nouveaux baptisés pour qu'ils approfondissent les mystères qu'ils venaient de vivre (baptême, don de l'Esprit, eucharistie).

L'octave pascale commence par le dimanche de la Résurrection et s'achève avec le dimanche dit de la Divine Miséricorde ou, plus traditionnellement, de Quasimodo (premiers mots de l'introït/antienne d'ouverture en latin : « comme ») ou *In albis* (« en blanc », une allusion au vêtement des nouveaux baptisés). Les évangiles de l'octave sont tous des récits d'apparition – apparitions de reconnaissance et/ou d'envoi en mission – qui nous centrent sur la personne du Ressuscité et nous disent quelles sont les conditions pour le rencontrer.

Le Ressuscité est le même que le Crucifié – « mets ta main dans mon côté » (cf. Jn 20, 27) –, il n'est pas un « esprit » (Lc 24, 37). C'est lui qui a…

... l'initiative de la rencontre et l'événement a quelque chose d'inattendu. Il vient rejoindre ses disciples là où ils sont et surtout, là où ils en sont : dans le dynamisme de leur désir, même si celui-ci doit être réajusté (Marie de Magdala), dans leur morosité ou leur déception (disciples d'Emmaüs), dans leur état de sidération (après la découverte du tombeau vide), dans leurs doutes (« Il leur reprocha leur manque de foi »). Aucun lieu n'est en soi incompatible, le Ressuscité se donne à rencontrer sur cette terre de mélange culturel et religieux qu'est la Galilée; en ce lieu de travail qu'est le lac; dans la célébration liturgique (avec la fraction de la Parole et la fraction du pain) vers laquelle fait signe le récit d'Emmaüs. Il rejoint les personnes dans leur quête solitaire (Marie de Magdala) ou communautaire – « quand deux ou trois sont réunis en mon nom, je suis là, au milieu d'eux » (Mt 18, 20). La reconnaissance du Ressuscité peut être immédiate (Jean au bord du lac) ou se faire par étapes (Marie, les disciples d'Emmaüs). L'envoi est une dimension fondamentale, l'expérience ne peut être mise sous le boisseau, elle est promise à un accomplissement à la mesure de sa transmission.

Quant aux pièces liturgiques, elles déclinent plusieurs aspects de la Résurrection et de ses implications pour nous : entrée dans la terre ou coulent « le lait et le miel » (antienne d'ouverture, lundi) – une expression désignant la Terre de la promesse dans l'Ancien Testament, la terre de l'abondance et des bénédictions; don des eaux de la sagesse (mardi) et du Royaume (mercredi); capacité à louer que donne la Sagesse, laquelle ouvre la bouche des muets et délie la langue des tout-petits (jeudi); sortie de la terre d'oppression et victoire sur les ennemis (vendredi); délivrance dans la fête et les cris de joie (samedi); désir de la Parole (dimanche). Toutes ces réalités sont évoquées dans l'Écriture; elles montrent ici que la résurrection du Christ nous fait entrer dans le temps de l'accomplissement, du « déjà-là », prémices des « joies éternelles » (prière après la communion, jeudi). Guérison, libération, purification, renouveau… : toutes choses qu'il s'agit de faire passer dans notre vie concrète. Ainsi, nous demandons à Dieu de nous accorder « d'exprimer dans nos actes la foi que nos célébrations proclament » (prière, vendredi). Toutes choses que nous n'avons pas assez d'une vie pour intérioriser. D'où cette prière du dimanche de la Miséricorde : « Que tous comprennent vraiment quel baptême les a purifiés, quel Esprit les a fait renaître, et quel sang les a rachetés. »

Huit jours pour approfondir la grâce baptismale, pour coopérer à frais nouveau à notre renaissance et à notre renouvellement dans le Christ.

Huit jours donc pour approfondir la grâce baptismale, pour coopérer à frais nouveau à notre renaissance et à notre renouvellement dans le Christ. Ce qui suppose de savoir se mettre à l'écart pour une relecture de vie à la lumière des Écritures et sous la conduite du Ressuscité, tels les disciples d'Emmaüs. Et cela, sans vouloir tout maîtriser et en nous rappelant que, comme pour le peuple hébreu, la Terre de la promesse est un don qu'il nous appartient de faire nôtre. ■

François-Dominique Forquin, prêtre dominicain et aumônier national des Équipes du Rosaire

Le Rosaire : des chiffres sans les lettres ?

Le Rosaire a la réputation d'être le "Psautier des pauvres", c'est à dire des moines illettrés. Mais est-il seulement une histoire de chiffres avec peu de mots ?

Une femme me disait un jour : « Quand même, Jean-Paul II avait beau aimer le chapelet et dire que c'était sa prière préférée, il a quand même mis un sacré bazar dans le Rosaire et tous ses mystères !
– Vous voulez dire qu'après avoir institué les mystères lumineux, il ne manquait plus que les mystères mystérieux ! », lui répondis-je avec humour. « Mais oui, on m'a toujours dit qu'un chapelet c'était 50 *Ave* et qu'un Rosaire, c'était 150, alors après mes 3 chapelets de mystères joyeux, douloureux, glorieux, j'en rajoute un 4e avec les lumineux et j'arrive à 200.
– Oh, rassurez-vous, lui dis-je alors placidement, le chiffre des 150 *Ave* était un chiffre symbolique. En effet, au XIIe siècle, à l'époque des moines cisterciens, tout particulièrement sous l'influence de saint Bernard

qui a beaucoup développé la piété mariale en leur sein, les frères laïcs, les convers comme on les appelait, souvent illettrés, récitaient 150 *Ave Maria* alors que les frères prêtres, les frères de chœur, chantaient les 150 psaumes répartis au cours des offices de la semaine. C'est ainsi que le Rosaire est devenu le "Psautier de la Vierge" ou "Psautier des pauvres", c'est-à-dire de ceux qui, ne sachant ni lire ni écrire, se réfugiaient dans la simple reprise des *Ave Maria*. – Ah, je comprends mieux ! Pour parodier mon émission préférée, s'exclame alors la gentille mamie, ces 150 *Ave*, c'était un peu la symbolique des chiffres, mais sans les lettres ! » Ce qui me réjouit alors dans la réplique de la mamie qui n'avait pas raté sa répartie, c'était que, jeu de lettres aidant, elle venait de faire un joli scrabble et de faire gagner 50 grains à son Rosaire sans plus s'offusquer des coups de chiffres ratés. Je comprenais qu'elle était en train de commencer à relativiser ces chiffres, en effet symboliques, et qu'au-delà des 50, 150 ou 200 *Ave*, l'essentiel était de consentir à se reconnaître pauvre de lettres et de mots devant Dieu quand il s'agit de s'adresser à lui, au point d'avoir besoin de les recevoir, comme dans le Rosaire, de sa Parole même. À contempler la lumière qui irradiait son visage encore tout surpris de sa joyeuse répartie, je compris qu'en quelques mots, le Rosaire lui devient tout à coup plus lumineux !

Au-delà des 50, 150 ou 200 Ave, l'essentiel est de consentir à se reconnaître pauvre de lettres et de mots devant Dieu.

TÉMOIGNAGE DE LECTEUR

Propos recueillis par **Frédéric Pascal**, journaliste

Vivre de la Parole

Ghislaine Bellamy-Brown, 73 ans, habite Vannes (56). Son lien à la parole de Dieu, à la prière et la charité s'est incarné dans sa vie de couple avec Henri.

« Chaque semaine, nous nous envoyons un verset biblique par *WhatsApp*, avec mes amies du mouvement Sève. Je fais partie depuis 14 ans de ce mouvement d'inspiration œcuménique, composé de petites équipes fraternelles de laïques. Nous sommes ainsi huit femmes à vivre de la Parole. Ensemble, nous avons pris la décision de démarrer notre journée en lisant les textes du jour. Alors, dans la mesure du possible, le matin au réveil, avant que la journée ne commence, mon premier geste est d'ouvrir mon *Prions en Église*. J'ai besoin de ce temps pour me recentrer sur Jésus, Parole vivante. Certes, les lectures me parlent plus ou moins ! Mais j'aime tomber sur une phrase qui me marque et que je peux transmettre à quelqu'un en lui disant : "Tiens, j'ai pensé à toi." J'ose croire que cette phrase lui apportera espérance, joie ou sérénité. Je n'ai pas été élevée avec ce lien fort à la Bible. Mon éducation catholique fut très classique,

© Sandrine Martin

fondée sur l'exemple et la tradition. Si j'ai redécouvert la parole de Dieu, c'est grâce à mon mari. Henri est très engagé dans l'Église protestante unie de France. À son contact, j'ai appris deux choses : le lien aux textes et la grâce donnée malgré nos manques et nos faiblesses. Parce qu'on a reçu cette grâce, qui passe notamment par la Parole, on peut rendre au Seigneur tout ce que nous avons reçu. Quand tout est déjà reçu, alors on vit dans la louange et les remerciements. Je trouve que c'est très beau. Cela me fait vivre différemment. Mon mariage m'a appris à me fixer sur l'essentiel de ma foi. Ainsi, dans notre vie de couple, nous essayons de vivre de la Parole. Cela passe par l'accueil de l'étranger, l'aide aux personnes en difficulté. Je ne dirai pas que ce sont toujours des expériences formidables ! Mais nous le faisons parce que nous avons entendu une parole : "J'étais un étranger, et vous m'avez accueilli. J'étais nu, et vous m'avez habillé" (Mt 25, 35-36). » ■

Un dimanche de la Miséricorde ?

QUESTION DU MOIS

Le temps pascal s'étend sur cinquante jours, du dimanche de la Résurrection jusqu'à celui de Pentecôte : octave de Pâques, solennités de l'Ascension et de Pentecôte, et, cette année, de l'Annonciation du Seigneur colorent d'une grande joie ce temps liturgique. Les huit dimanches ont chacun leur tonalité propre, en lien avec l'évangile proclamé : ainsi, on prie plus spécialement pour les vocations le quatrième dimanche de Pâques.

Le deuxième dimanche de Pâques est riche de plusieurs significations : dernier jour de l'octave de Pâques; dimanche *in albis* (dimanche « en blanc ») où les nouveaux baptisés de Pâques déposaient ce jour-là leurs vêtements blancs; dimanche de *Quasimodo,* selon les premiers mots, latins, de l'antienne d'ouverture de la messe; enfin, depuis l'an 2000, il est le dimanche de la Divine Miséricorde.

Saint Jean-Paul II a institué ce dimanche le jour de la canonisation de sœur Faustine Kowalska, mystique polonaise (1905-1938), à qui le Christ a dit : « La fête de la Miséricorde est issue de mes entrailles, je désire qu'elle soit fêtée solennellement le deuxième dimanche de Pâques. »

Ce dimanche met ainsi au centre de la vie chrétienne « l'amour miséricordieux de Dieu pour tous les hommes », amour qui nous accueille toujours et qui nous envoie l'annoncer à tous nos frères. ■

Michèle Clavier,
théologienne

PARCOURS BIBLIQUE EN GRÈCE

Sur les pas de saint Paul et des premières communautés chrétiennes

Les voyages de Paul en Grèce marquent le début de l'évangélisation de cette terre dont nous sommes les héritiers. De Philippes à Athènes en passant par Thessalonique et Corinthe, ce parcours visitera les lieux où Paul a habité. Sans oublier les plus grands sites de la Grèce antique : Delphes, Épidaure, Mycènes. Daniel Marguerat, historien et bibliste, détaillera, lors de conférences, la recherche historique la plus récente sur Paul. ■

Corinne Miguel

Église Saint-Paul, Thessalonique

© AdobeStock

PRATIQUE **Du mardi 21 au mercredi 29 mai 2024.** Une proposition **"Le Monde de la Bible" "La Croix"** et **"Prions en Église"** organisée par Routes bibliques.
Informations et inscriptions : 01 45 49 07 77 ou alefebvre@routesbibliques.fr

La famille Détruit, en volontariat avec la DCC* au Togo

Les grâces de tous les jours

« La place que Dieu occupe dans le cœur des Togolais a été une vraie découverte pour nous. À Lomé, les boutiques, du coiffeur au pressing en passant par le garage et l'agence immobilière, portent des noms en rapport avec Dieu : *Garage du Saint-Esprit, Coiffeur à la grâce de Dieu, Bar le Bon Pasteur…* Même sur leurs véhicules, les Togolais inscrivent des phrases parlant de leur foi. Dans leur quotidien, qui peut être difficile, la grâce de Dieu est constamment évoquée : grâce de se réveiller le matin, d'être en bonne santé, d'être soutenu dans une épreuve, d'un avenir meilleur… Ce beau témoignage de foi nous interroge et, parfois même, nous dérange : "Cette façon de voir la grâce de Dieu tout le temps n'est-ce pas plutôt du fatalisme ou une manière cachée de se résigner ?" Lors de la vigile pascale, l'annonce de la résurrection du Christ donne lieu à des manifestations de vraie joie. Cette foi en la Résurrection est tellement profonde que cela change totalement leur perception de la vie et la met en perspective face à l'éternité d'amour, de vie et de paix promise par Dieu et offerte par Jésus. Quelle chance d'être plongés dans cette confiance et cette espérance ! » ■

*La Délégation catholique pour la coopération (DCC) est le service du volontariat de l'Église en France.

DCC / Détruit.

1. Procession des offrandes à la paroisse universitaire Saint-Jean de Lomé (Togo). 2. Enseignes de coiffeur et d'une agence immobilière. 3. Vigile pascale à la paroisse universitaire de Lomé. 4. Famille Détruit.

REPORTAGE

Guillemette de Préval, journaliste

Et après le baptême ?

Comment poursuivre l'enthousiasme du catéchuménat et vivre sa foi après le baptême ? Carl, Pierre et Mamina, baptisés à Pâques en 2021, témoignent de leur parcours de néophytes dans leurs paroisses, et partagent leurs attentes.

« En tant que nouveau baptisé, on peut ressortir d'une messe sans avoir dit bonjour à personne », regrette Carl, néophyte angevin de 35 ans. Chaque année, des milliers d'adultes sont baptisés à Pâques (5 463 baptêmes en 2023). Si le parcours de catéchumènes est bien balisé, que se passe-t-il, ensuite, pour les néophytes comme Carl ? Pour Geneviève, qui a accompagné Carl vers le baptême, « tout l'enjeu, c'est de faire découvrir qu'on n'est pas chrétien tout seul, mais avec une communauté qui nous porte, notamment quand surviennent les inévitables passages à vide ». Du prêtre de sa paroisse, Carl a retenu deux conseils : s'engager dans une communauté et rencontrer des chrétiens. Après son baptême, le jardinier-paysagiste rejoint une école de charité et de mission (ECM), un groupe de prière et de partage entre

Le baptême de Carl, célébré au cours de la veillée pascale en 2021.

jeunes professionnels proposé par la Communauté de l'Emmanuel. « Ma conversion, sur les chemins de Compostelle, a été assez radicale. Il me fallait rencontrer des amis pratiquants, témoigne-t-il. Partager des temps de prière et d'échange pour reconnaître l'action de Dieu dans nos vies est essentiel. C'est ça qui permet de s'élever dans la foi ! »

Pierre, 36 ans, a pris conscience du risque de décrocher alors que plusieurs des catéchumènes avec qui il cheminait quittaient la préparation en cours de route. « J'ai été très bien accueilli dans ma paroisse et plusieurs propositions spirituelles m'ont été faites assez spontanément. » Après son baptême, ce professeur de sciences d'Yvetot (76) a rejoint un groupe de prière entre hommes, une fois par mois.

Pour rester en lien avec l'Église Mamina, 27 ans, a eu l'idée avec les autres catéchumènes de sa paroisse de créer un groupe de messagerie sur *WhatsApp* « pour garder un lien et s'entraider dans la foi ». Cet habitant de Limoges (87), qui travaille ...

Photos : DR

••• dans l'associatif, « ne va pas nécessairement à la messe chaque dimanche », mais a déjà participé à un pèlerinage à Rocamadour avec sa paroisse.

Pour ces trois néophytes, l'aide de leurs proches est importante. Carl et son épouse, qu'il a rencontrée après son baptême au sanctuaire bourguignon de Paray-le-Monial (71), en sont convaincus : « Avoir une vie de fraternité vivante est nécessaire pour rester fidèle à son baptême. » Mamina, lui, a choisi une religieuse pour marraine. « Avec elle, impossible de décrocher ! », s'amuse le jeune homme qui a fui sa Guinée Conakry natale pour vivre sa foi librement. Pierre, lui, est marié à une catholique pratiquante, ce qui l'aide dans sa vie de foi. Et, pour rendre ce qu'il a reçu, il a accepté d'accompagner un groupe de catéchumènes, âgés de 15 à 18 ans : « Leurs questions, leur cheminement continuent de me faire grandir », se réjouit l'Yvetotais. ■

Les propositions pour les néophytes

L'après-baptême s'anticipe et se prépare. En tant que nouveau baptisé, des propositions existent au sein des paroisses et des diocèses pour vivre sa foi et nouer des liens de fraternité avec les autres croyants : formations chrétiennes (parcours Alpha, EVEN, groupes de jeunes professionnels), groupes de prière (entre mères, pères...), engagements caritatifs (maraudes, Hiver solidaire...), l'équipe liturgique, etc.

Informations communiquées sous réserve de modifications. Renseignez-vous avant de vous rendre aux endroits indiqués.

LE JOUR DU SEIGNEUR – FRANCE 2 (11 heures)

7/4 Église Notre-Dame-de-Sainte-Croix, sanctuaire du bienheureux Basile Moreau, Le Mans (72). Prédicateur : Fr. Camille de Belloy, dominicain.

14/4 Église Saint-Pierre, Cognin (73).
Prédicateur : P. Jean-Marie Petitclerc, salésien de Don Bosco.

21/4 Église Notre-Dame-des-Vertus, Ligny-en-Barrois (55).
Prédicateur : Mgr Jean-Paul Gusching, évêque de Verdun.

28/4 Église Saint-Barthélemy, Bousval (Belgique).
Prédicateur : *information non communiquée.*

FRANCE CULTURE (10 h 05)

7/4 Chapelle Notre-Dame de la Médaille miraculeuse, Paris (VIIe).
Prédicateur : P. Bertrand Bousquet.

14/4 Chapelle Notre-Dame de la Médaille miraculeuse, Paris (VIIe).
Prédicateur : Fr. Benoît Vandeputte, dominicain.

21/4 Chapelle Notre-Dame de la Médaille miraculeuse, Paris (VIIe).
Prédicateur : Mgr Bernard Podvin.

28/4 Chapelle Notre-Dame de la Médaille miraculeuse, Paris (VIIe).
Prédicateur : Fr. Gabriel Nissim, dominicain.

LIVRES

La civilisation des chrétiens d'Orient
Une traversée du temps et du monde

Charles Personnaz, Albin Michel, 192 p.

Ce beau livre est publié avec le soutien de l'Œuvre d'Orient et conduit par le directeur de l'Institut national du patrimoine. Il invite à découvrir la force de la civilisation née des croyants en Jésus Christ, de la Terre sainte jusqu'en Inde, de la Chine au Caucase, de l'Éthiopie au monde slave. De cette mosaïque, l'auteur réussit à en partager la place et la vitalité malgré les difficultés.

La messe autrement dit – Retour aux fondamentaux

Louis-Marie Chauvet, Salvator, 140 p.

Professeur émérite à l'Institut catholique de Paris, le père Louis-Marie Chauvet réussit le pari d'associer son érudition à un sens aigu de la transmission à un large public. Son parcours pour un retour aux sources de la célébration eucharistique reprend avec précision les grands moments d'une liturgie eucharistique pour en partager l'essentiel à l'heure des mutations et de certains débats en cours. Revigorant et accessible.

François d'Assise le chevalier sans armure

Luc Adrian, Éditions de l'Emmanuel, 310 p.

Journaliste de métier, Luc Adrian a le sens de la formule et le souci d'actualiser son propos. Familier de saint François d'Assise et des cheminements spirituels, le conteur en dresse un portrait attachant et sur un mode original, joyeux. Avec le souci de trouver un écho chez son lecteur d'aujourd'hui, multipliant les références à notre temps. Le frère universel reste ainsi en connivence avec nous. ■ **Robert Migliorini**

EXPOSITION

L'Agitateur du Languedoc
Jean-Paul Laurens (1887),
musée des Augustins, Toulouse (31).

Cathares : Toulouse dans la croisade

En 1209, le pape Innocent III déclenche une croisade dans le Midi contre ceux que l'on appelle alors les « hérétiques albigeois ». Les cathares refusent le dogme de la Trinité de l'Église catholique en adoptant deux principes supérieurs, le Bien et le Mal. Documents d'archives, objets archéologiques, œuvres sculptées ou peintes, reconstitutions historiques, dispositifs numériques… illustrent les propos de l'exposition « Cathares », entre mythe et histoire, déployée sur deux sites toulousains. ■

Hélène Roquejoffre, *Le Monde de La Bible*

Du 5 avril 2024 au 5 janvier 2025 – Musée Saint-Raymond (1 ter place Saint-Sernin) et Couvent des Jacobins (allée Maurice Prin), 31000 Toulouse – https://saintraymond.toulouse.fr – www.jacobins.toulouse.fr

NOS ACTUS

Prions Marie avec les sanctuaires mariaux de France

Tout au long de l'année de la prière, *Prions en Église* s'associe à 26 sanctuaires en France : tous les 15 jours, nous vous invitons à découvrir l'un de ces lieux de pèlerinage dédiés à la Vierge Marie et à lui confier vos intentions de prière. Rendez-vous sur le site dans l'onglet « Prions Marie » ou dans l'appli pour découvrir les sanctuaires partenaires et vivre une année de grâce avec la Vierge. ■

Amandine Boivin

CD

Lourdes
Chants 2024
« ...que l'on vienne en procession »

Isaia Ravelli, ADF Musique

Ce livret de partition (CD inclus) reprend les chants et la messe de Lourdes pour 2024. La longue tradition musicale des sanctuaires se poursuit avec le jeune Isaia Ravelli, désormais organiste titulaire et compositeur. L'enregistrement a été réalisé dans les différentes basiliques.

Le roi vient
Claire Bouchadeill

ADF Musique

Un nouvel album de Claire Bouchadeill. Dans un style très personnel, elle propose des chants de prière et de louange inspirés de textes bibliques et de spiritualité franciscaine sur des sonorités pop folk. Des chansons centrées essentiellement sur la personne de Jésus (le Roi). ■

Dominique Pierre

NUMÉRIQUE

La messe de A à Z !
A comme anamnèse, D comme doxologie, E comme embolisme ou K comme Kyrie… Ces mots désignent des moments, des prières, des rites de la messe. Mais en connaissez-vous le sens ? Approfondissez, avec Michel Wackenheim, prêtre et liturgiste, le vocabulaire des célébrations eucharistiques en vingt-six étapes et entrez avec lui dans l'intelligence de la liturgie. Un parcours original disponible sur l'appli *Prions en Église*. ■

Sébastien Antoni

Sur Google Play et l'Appstore

AGENDA

Informations communiquées sous réserve de modifications.

Grand Nord-Ouest

MONT-SAINT-MICHEL (50)

SAMEDI 6 ET DIMANCHE 7

Pèlerinage

Week-end de pèlerinage, rencontre et échange entre étudiants du Grand Ouest (Bretagne, Pays de la Loire, Normandie).

www.acer35.fr

www.instagram.com/acer_rennes

ÉPERNON (28)

JEUDI 18

Session

« Vieillir c'est marcher humblement avec son Dieu », animée par Suzanne Moutin, sœur de Saint François d'Assise, au prieuré Saint-Thomas.

02 37 83 60 01

reservation@prieure-saint-thomas.fr

LE MANS (72)

JEUDI 18

Formation

« Le salut vient des Juifs ! » (Jn 4, 22). Cette formation « Bible et tradition juive », animée par Philippe Loiseau, prêtre du diocèse d'Angers, abordera le regard positif sur le peuple juif auquel invite Vatican II. L'un des apports les plus importants du Concile est d'avoir redécouvert que « le Salut vient des Juifs » comme le dit Jésus à la Samaritaine. À la Maison Saint-Julien, de 9 h 30 à 16 h 30.

02 43 81 71 80

henri.doucet@sfr.fr

jmmontjoie@orange.fr

www.sarthecatholique.fr

Grand Nord-Est

MOUVAUX (59)

SAMEDI 6

Atelier spirituel

Cheminer avec Pierre Teilhard de Chardin, chrétien et scientifique, une vie autour du monde, à la recherche de la vie, de l'homme, de l'absolu. De 14 h 30 à 22 heures, avec Marie-Thérèse et Jean-Pierre Blanc, de l'Association des Amis de Pierre Teilhard de Chardin.

03 20 26 09 61

contact@hautmont.org

www.hautmont.org

SANCEY (25)

SAMEDI 20 ET DIMANCHE 21

Formation

Sur le thème : « Les Psaumes : prière d'un •••

… peuple, prière du Christ, prière de l'Église ». Découvrir les différentes formes de psaumes, les prier aujourd'hui et s'initier à la psalmodie et à la liturgie des Heures. Avec le père Jean-Claude Menoud, à la Maison d'accueil Sainte-Jeanne-Antide.
03 81 86 82 41
mdsc.sancey@gmail.com
www.diocese-besancon.fr

Grand Sud-Ouest

LOURDES (65)

DU SAMEDI 6 AU LUNDI 8

Pèlerinage

Pèlerinage de l'Alliance pour personnes mariées vivant seules à la suite d'une séparation ou d'un divorce. Une nouveauté au sanctuaire de Lourdes, organisée par cinq mouvements catholiques (Équipes Notre-Dame, L'Emmanuel, Accueil Louis et Zélie…) avec la participation de Mgr d'Ornellas, archevêque de Rennes.
07 83 05 00 61
lourdes.msvs@gmail.com
www.lourdes-maries-separes.fr

CUQ (81)

SAMEDI 27 ET DIMANCHE 28

Session

« Booster sa foi. » Un week-end pour redynamiser sa foi avec des enseignements de Claire de l'Eucharistie, docteur en théologie morale et spirituelle. À la communauté des Béatitudes Saint-Luc.
05 63 75 03 63
stluc@beatitudes.org
stluc.beatitudes.org

Grand Sud-Est

MARSEILLE (13)

SAMEDI 6

Catéchèse spécialisée

Le centre Le Mistral accueille une après-midi de catéchèse adaptée pour les enfants porteurs de handicap et leur famille.
04 91 52 38 23
diocese-marseille.fr

ANNECY (74)

MERCREDI 10

Débat

L'émission RCF, enregistrée en public, « Vitamine C – les débats » est à la maison diocésaine d'Annecy pour le débat « Transmettre la foi, mission impossible ? », avec Isabelle Morel, théologienne, et Anne-

Geneviève Montagne, directrice générale chez Anuncio, qui diront pourquoi la transmission de la foi est un défi auquel nous sommes confrontés de façon radicalement nouvelle. De 20 h 30 à 22 h 30.
04 50 52 37 00
diocese-annecy.fr

SAINT-DIDIER (84)
DU VENDREDI 12 AU DIMANCHE 14
Retraite
Retraite pour les fiancés. « Je ne me repens pas de m'être livrée à l'amour » (sainte Thérèse de l'Enfant-Jésus). Animée par Bernard Jozan, prêtre de Notre-Dame-de-Vie.
06 08 82 83 27
centrespirituel@notredamedevie.org
www.notredamedevie.org •••

ZOOM

Le "Paris églises tour"
Dimanche 28 avril, Holy Games (le programme de l'Église pour accompagner les Jeux olympiques de Paris 2024) organise avec le diocèse de Paris une course de 10 km de la cathédrale Notre-Dame de Paris jusqu'à la Madeleine. Le "Paris églises tour" est ouvert à tous et débute à 8 h 45 sur le parvis de la cathédrale. 800 coureurs sont attendus : laïcs, religieux et religieuses, prêtres, séminaristes… De nombreuses églises parisiennes se sont montrées « très réceptives au projet » selon Charles Jaunez, organisateur de la course. Une dizaine d'entre elles prévoit de supporter les coureurs en montant un stand de ravitaillement, dont le Sacré-Cœur de Montmartre ou encore Saint-Étienne-du-Mont. « Offrir cette course pour une intention particulière à déposer à la Madeleine : telle est la proposition spirituelle de Holy Games », ajoute Charles Jaunez. La course peut s'effectuer en solo pour « chercher une performance », ou bien en duo « avec sa grand-mère, sa colocataire ou le curé de sa paroisse ». Un parcours pour les personnes en situation de handicap est prévu. ■

holygames.fr

Anne-Quitterie Jozeau

… Île-de-France

SAINT-LAMBERT-DES-BOIS (78)

MARDI 2 ET MERCREDI 3

Session

« Les Manichéens et les Donatistes. » Animées par les pères Nicolas Potteau et Benoît Grière, assomptionnistes, les rencontres « À la découverte de saint Augustin » ont lieu à la maison d'accueil Sainte-Marie Eugénie (au Prieuré Saint-Benoît) et sont ouvertes à tous. De 9 h 30 à 12 heures.
01 30 43 71 71
communaute.saintlambert@gmail.com – www.prieuresaintbenoit.fr

PARIS (VIE)

JEUDI 4

Colloque

« Sport et communion : quand la théologie rencontre le sport. » La troisième rencontre d'un cycle de conférences organisées par l'ICP, le Collège des Bernardins et les Facultés Loyola Paris (ex Centre Sèvres) à l'approche des Jeux olympiques de Paris.
01 44 39 52 00 – www.icp.fr

PARIS (XVIIIE)

DIMANCHE 7

Sacrement

Venez recevoir le sacrement des malades à la basilique du Sacré-Cœur de Montmartre. Après un enseignement à 14 h 30, vous serez appelés à rencontrer un prêtre pour discerner votre participation à ce sacrement. Ouvert à tous, sans inscription.
01 53 41 89 00
www.sacre-coeur-montmartre.com

PARIS (XVIIIE)

SAMEDI 20 ET DIMANCHE 21

Week-end

« En quête d'un nouveau sens pour ma vie. » Pour les veufs et veuves, organisé par Espérance et vie à Montmartre.
01 45 35 78 27
esperance.vie@orange.fr

ENVOYEZ VOS RENDEZ-VOUS À L'AGENDA DE PRIONS EN ÉGLISE : Merci d'envoyer les informations nécessaires 3 mois avant l'événement, sans engagement de publication par la rédaction, à : *Prions en Église*, Agenda, 18 rue Barbès, 92120 Montrouge, ou par e-mail : *prionseneglise@groupebayard.com*

PrionsenÉglise 18, rue Barbès,
www.prionseneglise.fr 92128 Montrouge Cedex.

▶ **POUR CONTACTER LE SERVICE CLIENT : 01 74 31 15 01** – service.client@groupebayard.com
(Préciser : nom + adresse postale + « concerne Prions en Église ».)

▶ **POUR VOUS ABONNER : 01 74 31 15 01** – www.librairie-bayard.com
Bayard, Prions en Église, TSA 60007, 59714 Lille Cedex 9

▶ **POUR CONTACTER LA RÉDACTION : 01 74 31 63 24** – prionseneglise@groupebayard.com

Directeur de la publication : Pascal Ruffenach. Directeur du secteur et directeur des rédactions : Jean-Pierre Denis. Rédaction : Karem Bustica (rédactrice en chef), Dominique Pierre (rédacteur en chef délégué), Pomme Mignon (rédactrice en chef adjointe visuel, directrice artistique), Frédéric Pascal (rédacteur en chef adjoint), Armelle Gabriel (assistante), Nicolas Crouzier (secrétaire général de la rédaction), Jean-Baptiste Deau, Cécile Toussaint (1ers secrétaires de rédaction), Laurent Sangpo, Pascal Redoutey (rédacteurs graphistes), Ania Biszewska (rédactrice photo), Sébastien Antoni (chef de grande rubrique), Anne-Quitterie Jozeau (rédactrice), Agnès Thépot (relations lecteurs). Ont participé : Geneviève de Balincourt, Thibault Van Den Driessche. Marketing éditeur et développement : Amandine Boivin. Marketing diffusion et abonnement : Aurore Bertrand (directrice), Sandrine Dos Santos (chef de marché). Direction des terrains catholiques : Cédric Bloquet (directeur). Voyages lecteurs : Corinne Miguel. Contrôle de gestion : Tonnumy Ai. Fabrication : Grégory Cervantes. Impression : Maury SAS, Z.I. Route d'Étampes, 45330 Malesherbes. Textes liturgiques : © AELF. Chants : © Éditeurs. © Bayard et Novalis. Reproduction interdite sans autorisation. *Prions en Église* est édité par Bayard, société anonyme à Directoire et Conseil de Surveillance au capital de 16 500 000 €. Actionnaires : Augustins de l'Assomption (93,7 % du capital), SA Saint-Loup, Association Notre-Dame de Salut. Directoire : Pascal Ruffenach (président), Dominique Greiner, Florence Guémy et Jean-Marie Montel (directeurs généraux). Président du Conseil de Surveillance : Hubert Chicou. Dépot légal à parution. CPPAP : 0425K86471 - ISSN : 0383-8285. Belgique et Luxembourg : Bayard Presse Bénélux, Da Vincilaan, 1 – 1930 Zaventem. Tél. : 0800 250 38 (de Belgique, gratuit) ou 800 29 195 (du Luxembourg). Web marché chrétien : librairie-bayard.com. Suisse : Asendia Press Edigroup SA, Chemin du Château-Bloch 10, 1219 Le Lignon. Tél. : 00 41 22 860 84 02. Mail : abobayard@edigroup.ch

Ce numéro comporte :
Sur la totalité de la diffusion : encart broché "Prions en Église" autopromo ; encart posé "La Croix L'Hebdo" abonnement ; encart posé "Prions en Église Junior" ; encart jeté "Prions en Église" autopromo. Sur une partie de la diffusion : encart posé "Bayard presse" offre d'abonnement ; relance posée "Prions en Église" offre d'abonnement.

PEFC
10-31-1282
Certifié PEFC
Ce produit est issu de forêts gérées durablement et de sources contrôlées.
pefc-france.org

IMPRIM'VERT
Votre imprimeur agit pour l'environnement

***Prions en Église* agit pour l'environnement**
Origine du papier : Suède. Taux de fibres recyclées : 0 %. Origine des fibres : papier issu de forêts gérées durablement.
Impact sur l'eau : PTOT 0,005 kg/T

FR